ELEN ROGER
PORTREAD

# ELEN ROGER
## – ELEN ROGER JONES –
# PORTREAD

HARRI PARRI

Golygydd y lluniau:
ROBIN GRIFFITH

GWASG PANTYCELYN

Dymuna'r cyhoeddwyr
gydnabod cymorth
Adrannau Cyngor
Llyfrau Cymru a
Chyngor Sir Ynys Môn.

CYNGOR SIR
YNYS MÔN
ISLE OF ANGLESEY
COUNTY COUNCIL

ISBN 1-903314-09-7

*Llun clawr:* Trwy garedigrwydd
Llyfrgell Genedlaethol Cymru,
*Casgliad Geoff Charles,* tynnwyd yn
Eisteddfod Genedlaethol Caernarfon,
1979.

*Llun clawr cefn:* Hamdden haf yng
ngardd Y Wylfa. Tynnwyd gan
Gethin Ellis, yr hynaf o'r wyrion.

Cyhoeddwyd ac argraffwyd gan
Wasg Pantycelyn, Caernarfon.

# CYNNWYS

I BLANT ELEN ROGER
- MERI A WILIAM -
AM I MI GAEL BENTHYG EU MAM
AM HANNER BLWYDDYN

# CYDNABOD

Pentref yn byw ar 'gadw fisitors' oedd Abersoch pan oeddwn i'n blentyn – roedd hynny'r 'un fath â "chadw" ieir neu unrhyw beth arall sy'n talu,' meddai Gruffudd Parry yn *Crwydro Llŷn ac Eifionydd* - ac roedd y diwylliant brodorol, i raddau mawr, wedi'i fygu yn y gwyngalchu a'r disinffectio blynyddol ar gyfer y cynhaeaf a'r carthu, wedyn, wedi i'r fflyd ymadael. I'r pentref hwn y daeth Elen Roger Jones a'i phriod, Gwilym Roger, yn 1956. Roedd mudo o'r Bala, ac o ganol 'pethe' Penllyn, i "Rabar' yn sicr o fod yn gryn ysgytwad i'r ddau ohonynt – hyd yn oed i un mor ddewr galon ag Elen Roger. Ond, fel y cyfeirir yn nes ymlaen yn y gyfrol, fu hi fawr o dro cyn symud pethau. Un â'r ddawn i symud pethau oedd hi.

Serch fy mod i'n byw yn y fro ar y pryd, fedra' i yn fy myw gofio'r lle a'r awr y gwelais hi am y waith gyntaf. Ond fe'i gwelais hi. 'Doedd neb yn gweld Elen Roger – mewn sgwrs neu ar lwyfan – ac yn anghofio hynny. Eglurder y darlun, yn unig, sydd wedi pylu; fe arhosodd, ac fe erys, yr argraff.

Ei gweld hi, yn unig, wnes i ddeugain mlynedd yn ôl; ugain mlynedd yn ddiweddarach cefais gyfle i ddod i'w hadnabod. Daeth atom i Gaernarfon yng nghanol y saithdegau, pan oedd Theatr Seilo newydd agor ei drysau, i hyfforddi amaturiaid llwyr yn y grefft o gyflwyno drama a phasiant, a gwnaeth hynny'n ddirwgnach a di-dâl dros nifer o flynyddoedd.

Yn ôl Joan Moules, a gyhoeddodd gyfrol am Gracie Fields, mae ysgrifennu cofiant i unrhyw wrthrych yn golygu mwy nag adnabyddiaeth: mae'n gofyn am deimladau cryfion, naill ai o edmygedd neu gasineb, o gariad neu atgasedd. Fe ddeuthum i hoffi Elen Roger yn fawr – er y gallai 'chwythu bygythion' i fy nghyfeiriad innau pan fyddai galw am hynny.

Fyddai'r gyfrol hon ddim wedi bod yn bosibl heb gymorth parod a charedigrwydd mawr ei phlant, Meri Rhiannon a Wiliam Roger, a chymwynasgarwch aelodau eraill o'i theulu a theulu'i gŵr. Rwy'n ddiolchgar iawn i Wiliam a Meri am ymddiried y gwaith i mi a rhoi cymaint o ddeunydd diddorol at fy ngwasanaeth – mewn sgyrsiau ac ar glawr. Un deunydd gwerthfawr oedd yr 'atgofion' a ysgrifennodd Elen Roger yn ystod ei blynyddoedd olaf, gyda'r bwriad o weld eu cyhoeddi.

Unwaith eto, cytunodd Robin Griffith i olygu'r lluniau yn ogystal â thynnu rhai gwreiddiol. Fel o'r blaen, cyflawnodd lawer mwy na'r gofyn ac rwy'n ddiolchgar iawn iddo am ei gymorth a'i gyfeillgarwch.

Bûm ar ofyn nifer fawr o bobl – gan gynnwys teulu a chydnabod, actorion a chynhyrchwyr, cwmnïau teledu ac aelodau o'r gwahanol gymdeithasau y perthynai iddynt – yn holi eu barn, yn gofyn am atgofion neu'n benthyg lluniau. Bu S4C yn barod iawn i roi benthyg nifer o luniau, gyda chaniatâd i'w defnyddio, a bu'i Llyfrgellydd Lluniau, Elin Jenkins, yn hynod o gynorthwyol. Ceisiais nodi y cymorth a gefais yng nghorff y llyfr, gan gydnabod pob hawlfraint – cyn belled ag roedd hynny'n bosibl. Mae'r dyfyniadau o'r gyfres *Portreadau*, gan Ffilmiau'r Bont, trwy ganiatâd S4C, a'r dyfyniadau o *Minafon – Pigion difyr am y gyfres deledu 'Minafon'* – gan Glyn Evans, trwy ganiatâd Hughes a'i Fab. Yn naturiol, roedd hi'n amhosibl cynnwys popeth a ddaeth i law ond gwerthfawrogais bob ymateb.

Hoffwn ddiolch yn fawr i Wasg Pantycelyn am fentro comisiynu'r gwaith ac i June Jones, Rheolwraig y Wasg, a'i staff, am hyrwyddo'r gyfrol. Derbyniais gymorth arbennig gan R. Maldwyn Thomas, y Swyddog Cyhoeddi, a chan Malcolm Lewis, a ddyluniodd y cynnwys a throi'r ddisg yn gyfrol. Bu Adran Olygyddol Cyngor Llyfrau Cymru, drwy'r pennaeth, Richard Owen, yn gefnogol i'r fenter o'r dechrau a hoffwn gydnabod hynny. Am y milfed tro erbyn hyn, fy niolch, unwaith eto, i Llinos Lloyd Jones a W. Gwyn Lewis am ddarllen y gwaith hwn, a chywiro llawer peth.

Wedi i mi ddechrau ar y gwaith, awgrymodd Alun Gruffydd – Curadur Oriel Ynys Môn – y gellid lansio'r gyfrol i gydredeg ag Arddangosfa o waith Elen Roger a Charles Williams sydd i'w chynnal yn yr Oriel yn ystod Hydref a Thachwedd 2000, gan ddefnyddio'r un gwaith ymchwil. Hoffwn ddiolch iddo am yr awgrym a'i gefnogaeth drylwyr. Llosgi'r gannwyll yn y ddeupen fu hi wedyn, yn hytrach nag ysgrifennu wrth fy mhwysau, i geisio cwblhau'r gwaith mewn ychydig fisoedd.

Hwyrach i mi fod fymryn yn feiddgar wrth gyfeirio uchod at hanfodion ysgrifennu cofiant. Portread yn unig sydd yma, darlun brysiog – ond diddorol gobeithio – o un y gellid ysgrifennu'n llawnach amdani a phwyso a mesur ei chyfraniad ar wastad llawer lletach. Bûm yn meddwl droeon beth a fyddai'i hymateb hi: un ymadrodd, mae'n debyg, yr un a ddefnyddid ganddi mor gyson – `Wel, sobrwydd mawr!' Byddai hwnnw'n gyfuniad o wfftio at rai pethau carlamus a ddywedwyd a balchder mawr am i ni feddwl am ei chofio.

HARRI PARRI

# 1. PERTHYN

'TAID A NAIN PONC YR EFAIL'

Roedd y pâr ifanc a deithiai yn y car crwn y noson serog honno o Hydref 1868 uwchben eu digon – serch fod y car a'r ceffyl oedd rhwng y siafftiau yn rhai benthyg. Rhoddodd Griffith slaes ysgafn ar grwper y ceffyl i'w atgoffa y dylai ddal ati. Nid bod hynny'n angenrheidiol. Fel pob ceffyl â'i wyneb tuag adref roedd Conffi'n trotian yn llawer cyflymach nag a wnâi o â'i wyneb at Langefni rai oriau ynghynt. Yn ogystal, roedd calonnau'r ddau ifanc a swatiai glun wrth glun dan y garthen wlân yn llawer ysgafnach – serch eu cyfrifoldeb newydd. Wel, nid bob dydd y bydd certmon wyth ar hugain oed a merch i dyddynnwr, oedd dair blynedd yn iau, yn prynu ffarm! Lle diarth iawn i'r ddau ohonyn nhw oedd gwesty'r *Bull* y bore tyngedfennol hwnnw. Ar y dechrau bu Saesneg gyddfol yr ocsiwnïar a werthai dros stad y Parciau, plwy Llaneugrad, yn gryn fagl iddynt, ond drwy roi winc a nod fe lwyddwyd yn y diwedd i daro bargen – os bargen hefyd. Ond dyna fo, roedd yna deulu o'r ddeutu fyddai'n barod i fynd yn feichiau drostynt petai'r cynhaeaf yn methu neu'r gwartheg yn erthylu. Dreif on felly, i gael cyrraedd y Marian cyn perfedd nos. Y peth cyntaf wrth gwrs – hyd yn oed cyn i Griffith ddychwelyd y ceffyl a'r car benthyg i ffarm ei ewythr – fyddai galw yn yr Hen Efail, i ddweud wrth deulu Ellen eu bod nhw wedi prynu Ponc yr Efail, am y terfyn â'i chartref. Yn anffodus, byddai rhaid i deulu Griffith, yng nghyffiniau Gwalchmai, aros diwrnod neu ddau cyn i'r hanes eu cyrraedd nhw yn ei holl fanylder.

Y glangaeaf hwnnw, yr Etholiad Cyffredinol bythgofiadwy oedd testun siarad Cymry diwylliedig oedd yn abl i bori yn y *Y Faner* neu'r *North Wales Chronicle* – etholiad 'deffro ysbryd y mynyddoedd' chwedl Lloyd George yn ddiweddarach – ond i ardalwyr cyffredin plwy Llaneugrad roedd priodas sydyn merch yr Hen Efail a'r hwsmon mentrus yn fwy o fêl ar dafod. Fe'u priodwyd fis union wedi'r ocsiwn – 20 Tachwedd 1868 a bod yn fanwl – ac mae'r hyn a gofnodwyd ar dudalen flaen Beibl Ponc yr Efail yn awgrymu nad oedd y parchuso ddiwrnod yn rhy fuan. Ganwyd eu plentyn cyntaf, William, y mis Mawrth canlynol, a'i ddilyn gan saith arall – pedwar mab a thair merch – rhwng hynny a Hydref 1882. Mary, y ferch hynaf, oedd mam Elen Roger Jones.

Mae hi'n disgrifio'i thaid a'i nain fel pobl a godai'n fore a mynd yn hwyr

1. Nain Ponc yr Efail yn bwydo'r stoc ar borfa agored yng ngolwg y môr.

i gysgu, yn hau a medi ac yn cywain i ysguboriau, yn ddau oedd mewn cariad, nid yn unig â'i gilydd, ond â'r pridd yr aberthwyd i'w brynu. 'Prynodd Taid Bonc yr Efail,' meddai, 'a gweithiodd yn ddyfal a chaled i wella ansawdd y tir, helaethu'r tŷ a gwella adeiladau i'r anifeiliaid.' Roedd o'n dir y gellid ei wella gyda diwydrwydd a gofal – fe allai gwynt y môr ddeifio'r egin ond roedd o'n bridd cynnes yn union yn llygad yr haul. A phobl ddiwyd felly ddaliwyd yn y lluniau awyr agored a dynnwyd: hi yn ei barclod gwyn a'i chap stabl yn bwydo'r ieir a'r moch ar borfa agored Ponc yr Efail; y ddau yn swatio yng nghysgod llwyn o goed, yn hamddena am foment cyn mynd yn ôl at eu caledwaith. Ond mae'n rhaid fod caledwaith y ddau wedi talu'r ffordd oherwydd ymhen blynyddoedd fe lwyddwyd i godi dau dŷ helaeth ar y tir: Angorfa a ddaeth yn gartref i Mary a'i phriod, a Gwynfa a ddaeth yn gartref i Jane, y ferch ieuengaf, a'i gŵr hithau, Richard.

O borfeydd Ponc yr Efail roedd hi'n bosibl cael cip ar y môr a'r llongau dirifedi a hwyliai i mewn ac allan o Fae Moelfre. Roedd hynny ynddo'i hun yn sicr o fod yn codi awydd yn y plant am fynd i forio. Ond yn ôl yr 'atgofion' a ysgrifennodd Elen Roger Jones, cefnder i blant Ponc yr Efail, o ochr eu tad – yn ddiarwybod iddo'i hun, mae'n debyg – blannodd awydd ymfudo ynddyn nhw. Roedd hwnnw – Jonah Williams wrth ei enw – wedi mynd i'r Merica 'a dod ymlaen yn dda yno'. Mae'n rhaid i'r awydd a blannwyd gael cryn ddyfnder daear oherwydd fe benderfynodd pob un o

2. Griffith ac Ellen Williams – 'Taid a Nain Ponc yr Efail' a 'weithiodd yn ddyfal a chaled' – yn hamddena am eiliad i gael tynnu'r llun.

fechgyn Ponc yr Efail fynd yr un ffordd ag o. Yn ogystal, wedi iddi briodi â chapten lleol fe ymfudodd Ann – y ferch hynaf ond un – i Port Elizabeth yn Ne Affrica gan symud wedi hynny i San Ffransisco. Yr oedd hi a'i gŵr, Capten William Thomas, yno adeg daeargryn fawr 1906.

3. Beibl Ponc yr Efail a'r dderwen deulu.

Un dda oedd Nain am ddweud stori. Rydwi fel pe tawn i'n clywed rŵan ei llais meddal cynnes . . .

'Nid stori sy' gen i ti heno, ond rydwi am ddeud wrthat ti beth ddwedodd fy Nain wrtha' i.' Aeth ymlaen i sôn am ei Nain a'i ffrind yn dod adre'n hwyr un noson olau leuad ac yn clywed miwsig ysgafn, ac er mawr syndod yn gweld nifer o ferched bach yn dawnsio'n nwyfus mewn cylch ar y bonc yn ymyl ei chartre'; dynion bychain oedd yn creu'r miwsig efo pibau. Brysiodd y ddwy i'r tŷ, wedi'u syfrdanu, ond mewn braw, a theimlent yn ysgafn hapus. Bore trannoeth aeth i'r bonc, ac roedd yno ôl cylch yn y glaswellt.

'Pwy oedden nhw Nain?' gofynnais.

'Y Tylwyth Teg,' oedd ei hateb.

Cefais fwy o'u hanes . . . Hen wraig weddw wedi gadael dysgliad o ddŵr ar yr aelwyd dros nos, ac erbyn y bore rhywun wedi bod yn 'molchi a gadael arian yng ngwaelod y ddesgil. Hanes arall oedd yr un am Wil a Ned yn croesi'r waun, ac yn gweld y Tylwyth Teg yn dawnsio, a Wil yn cael ei hudo i'r cylch atynt ac yn diflannu. Yna ymhen y flwyddyn, dyma fo'n dychwelyd gan feddwl mai dim ond am ddiwrnod y bu i ffwrdd! Addawodd Nain fynd â fi i'r bonc wrth dŷ ei nain, i weld oedd y cylch yn dal yno – ond llithrodd Nain o'n plith. I b'le tybed?

Elen Roger Jones yn ei 'hatgofion'.

Ond trwy ragluniaeth – ac felly y byddai Elen Roger yn dehongli'r peth – fe ddaeth un mab afradlon yn ôl i dŷ ei dad: 'Mae lle i ddiolch fod un ohonynt, sef Hugh, wedi dychwelyd i ffermio gyda'i dad. Priododd Yncl Hugh â gwraig ifanc weddw, a daeth hi â'i thri phlentyn – Mary, Gwilym a Nel – i fyw i Bonc'refail a chael eu derbyn yn llawen gan bawb o'r teulu.' Roedd gwybod fod un o'r teulu yn dal i hwsmona'r ffarm ganrif yn ddiweddarach yn destun balchder iddi a pheth ymffrost: 'O'r briodas cafwyd merch a thri mab – Annie, Griff, Hugh ac Owen – ac un ohonynt, sef fy nghefnder Hugh, ddilynodd ei dad i ffermio Bonc'refail. Erbyn hyn mae ei fab yntau, Owen, yn cyd-ffermio â'i dad, a Huw, y mab arall, yn ffermwr llwyddiannus ar Ynys Môn. Braf yw gweld y fferm brynodd Taid yn cael ei ffermio'n hynod raenus gan y teulu.'

Cysylltiad drwy'r post fu hi, yn bennaf, o hynny ymlaen – er i Owen, y mab ieuengaf, ymweld ag Eisteddfod Genedlaethol Aberystwyth yn 1952 a bu eu dwy chwaer, Mary a Jane, drosodd yn Milwaukee fwy nag unwaith. Roedd John Williams Hughes, mab Jane – y newyddiadurwr a'r darlithydd – yn ymwelydd cyson â'i ewythrod. Yn ei gyfrol *Ei Ffanffer Ei Hun*, a enillodd iddo y Fedal Ryddiaith yn 1958, mae'r Parch. Cynolwyn Pugh yn cyfeirio fel roedd Mary a Jane (mam John Williams Hughes) yn cyd- deithio ag o ar fwrdd y *Carmania* yn 1928 pan oedd yn hwylio allan i'r America am y waith gyntaf ac fel y bu iddo, yn nes ymlaen, ddod i adnabod y teulu yn Milwaukee. Unwaith bob blwyddyn fe ddeuai parsel o Wisconsin i Bonc yr Efail ac roedd Elen Roger yn cofio hynny'n dda: 'Digwyddiad o bwys bob Nadolig am lawer blwyddyn oedd derbyn Bocs Mericia. Yncl Wil, y mab hyna', a'i briod Charlotte fyddai yn ei anfon. (Roedd ei mam hi'n ferch

4. Ponc yr Efail heddiw.

Llwyncoed, Cwm-y-glo.) Noson gynhyrfus iawn oedd un agor y bocs –
anrhegion gwerthfawr ynddo i bob un o deulu Ponc'refail, dilledyn yn aml
i ni'r plant, yn ogystal â theganau a melysion.'

Serch y llawenydd a ddeuai i Bonc yr Efail gyda 'Bocs Merica' fe ddaeth
yna hefyd, o dro i dro, lythyrau a theligramau oedd yn cludo newyddion
gwahanol: 'Yn ôl Mam, cafodd Taid brofiad rhyfedd iawn. Roedd o ar ei

Cyn bod yn ddeg ar hugain oed fe
lwyddodd Owen a'i frawd hŷn, Griffith, i
sefydlu busnes adeiladu llwyddiannus yn
Milwaukee o dan yr enw: Williams Brothers
Carpentry Company. Roedd y darlun
dewisol anfonwyd i Farian-glas o Wisconsin
bell yn dangos gweithdy chwaethus a
choets geffyl hardd ei gwneuthuriad –
symbolau gweladwy o lwyddiant
disgynyddion Ponc yr Efail yn y wlad well –
ac mae'r coffadau papur newydd a
ddiogelwyd gan eu nith yn ategu hynny. Fel
y coffâd canlynol am Griffith: *'Born in
Marian Glass [sic] Wales, he came to
Milwaukee as a youth . For ten years he
worked as an engineer for the North
Western road. In 1911, he and his brother,
Owen, now living here, founded the
Williams Bros. Contracting company 1709
N. Water st. . . . Mr Williams was an active
Mason and a member of the Independent
Lodge.* [Mae'n ddiddorol sylwi mai yn un o
gartrefi y Seiri Rhyddion yn Wisconsin y bu
Owen farw.] *He belonged to the old
Milwaukee Welsh Presbyterian church and
the St. David's society, a club for
Welshmen.'*

5. Ffyrm ffyniannus brodyr Ponc yr Efail ym Milwaukee.

ffordd i Fangor un bore Mawrth, yn ôl ei arfer, ac wedi iddo gyrraedd Pentraeth cafodd deimlad sydyn ond pendant y dylai droi pen y ceffyl am adre. Cafodd Bonc'refail yn dŷ galar: teligram wedi cyrraedd gyda'r newydd trist am farwolaeth John, y trydydd mab, yn y Mericia. Bu Nain yn ofidus am gyfnod hir.' Ond cyn hir fe ddaeth yna newyddion gwahanol i godi'r galon: 'Newyddion da oedd clywed ychydig yn ddiweddarach fod Owen, y mab ieuenga' yn mynd i briodi â Persis, a hanai o'r un teulu â Syr T. H. Parry-Williams. Aeth Nain drosodd i'r briodas a chael cwmni ar y fordaith gyda merch Uwchlaw'r Ffynnon, Llanaelhaearn.' Rhaid, felly, fod tir Ponc yr Efail wedi cnydio'n dda iddi fedru fforddio talu'r pasej, ond hwyrach fod teulu Milwaukee – a lwyddodd mor dda yn y wlad newydd – yn cyfrannu at y costau.

'UN O GAERGYBI'
Fe ddaeth hi'n bryd sôn am un arall a aeth ar daith – tad Elen Roger. Y tro hwn, bore Llun oer yn nechrau Ionawr 1935 oedd hi, a William Griffith, Ysgrifennydd Pwyllgor Addysg Môn, yn gyrru'r *Morris Cowley* ar hyd y ffordd bost o Langefni am gyfeiriad Amlwch. Ei fwriad y bore hwnnw oedd ymweld ag ysgol Rhos-y-bol ond fel yr eglurwyd yn *Y Clorianydd*: 'Rhyw

14

ddwy ffilltir o Langefni cafodd wasgfa, ond llwyddodd i stopio'r car ar ochr y ffordd. Canfuwyd ef gan un yn pasio ac aed ag ef gartref.' Roedd wedi'i daro 'ag ergyd o'r parlys', fel y manylodd *Y Goleuad*, a gŵr heb fedru symud llaw na throed, na chael pen llinyn ar ei eiriau, gariwyd i'w wely yn Angorfa y diwrnod hwnnw. Bu farw y noson honno yn 61 mlwydd oed. Meddai ei ferch, yn ei 'hatgofion': 'Mae'r diwrnod, y seithfed o Ionawr 1935, yn aros yn fy meddwl fel y diwrnod duaf, hyd hynny, yn fy hanes.'

Y bore hwnnw roedd William Griffith wedi gadael ei gartref ym Marian-glas am y Swyddfa Addysg yn nhre Llangefni yn drwsiadus a phrydlon fel arfer – ei dop côt dywyll wedi'i botymu'n uchel dyn, fel y gweddai i un oedd yn Ysgrifennydd y Pwyllgor Addysg, stytsan aur yn y cwlwm tei a'r mwstas trwchus, tywyll, oedd mor nodweddiadol o'r dyn, wedi'i drimio i berffeithrwydd. Y diwrnod blaenorol, gan ei bod hi'n Sul, mae'n ddiamau iddo fod ym Mharadwys deirgwaith – Paradwys y Methodistiaid Calfinaidd yn Llanallgo, lle roedd o'n flaenor ac yn ysgrifennydd yr eglwys – ac mae hi'n ddigon posibl i'w weinidog, y Parch. R. R. Jones, ledio'r emyn *Beth fydd fy rhan ar hyd ei misoedd maith?* ac i William Griffith, a oedd yn ŵr cerddorol, ymuno yn y canu gyda theimlad a brwdfrydedd. Wedi'i farw disgrifiwyd William Griffith gan *Y Goleuad* fel un 'gofalus a hynod o annwyl' yn ei gartref ac un oedd yn 'drefnwr gwych a chymwynaswr mawr' yn ei gapel a'i gynefin. Ac meddai ei ferch: 'Dangosodd mam ddewrder rhyfeddol, unwaith eto . . .'

Ar ddiwedd y ganrif flaenorol roedd mam Elen Roger wedi priodi llongwr ifanc o'r ardal, William Owens, Brynllwyd, Moelfre, ond yn ystod y fordaith gyntaf wedi'r briodas fe'i trawyd yn wael ar fwrdd y llong. Bu farw yn

6. Cofadail 'Taid a Nain Ponc yr Efail' ym mynwent Llaneugrad.

7. Hugh Griffith, 'Taid Caergybi'.          Elizabeth Griffith, 'Nain Caergybi'.

fuan wedyn a'i gladdu yn y dyfnfor. Ymhen dwy flynedd fe ailbriododd Mary â brawd iddo, Capten Thomas Owens – capten y *Cambrian Prince*. Wedi'r briodas, yn ôl arfer y cyfnod, fe gafodd y wraig ifanc fwy nag un mis mêl yn hwylio gyda'i gŵr i borthladdoedd fel Antwerp a Hamburg. Ond yn 1902 fe ddaeth yna don arall i'w chyfarfod: pan oedd y *Cambrian Prince* ar ei ffordd adref o Awstralia, yn cario llwyth o rawn, fe'i daliwyd mewn storm enbyd ac un o'r criw yn unig arbedwyd – ac nid y capten oedd hwnnw. Erbyn hynny roedd Mary yn feichiog. Ganwyd y plentyn ym mis Tachwedd a'i fedyddio yn Thomas i gadw'r cof yn fyw am yr ail briodas fer a hawliwyd gan y cefnfor. Mae hi'n debyg felly mai dewrder yn codi oddi ar brofiad ddangosodd Mary Griffith i'w merch wedi'i thrydedd gweddwdod yn Ionawr 1935.

Erbyn meddwl, roedd gan daid Elen Roger o ochr ei thad, Hugh Griffith, fath o gysylltiad llongwr-tir-sych â'r môr. Adeiladydd oedd o wrth ei grefft, yn byw yng Nghaergybi, ond fo adeiladodd rai o'r tai a oedd unwaith ar Ynys Halen – yr ynys sy'n ffurfio un wefus i'r harbwr newydd yng

Nghaergybi. Mudo i fyw i Gaergybi o gefn gwlad Môn wnaeth o a'i wraig, Elisabeth – roedd hi'n un o ddeuddeg o blant i deulu o gryddion yn ardal Carmel ar gyrion Llannerch-y-medd ac yntau yn fab Tan-y-bryn, Llanfachraeth. Tŷ mewn stryd oedd Bron Hyder, eu cartref, a William oedd yr ail blentyn o bump a'r unig fab i fyw i oedran.

Mae hi'n anodd dirnad i ba ddosbarth mewn cymdeithas y perthynai Hugh Griffith a'i briod. Yn ôl yr *Adroddiadau Blynyddol* roeddan nhw'n aelodau cefnogol yn y Tabernacl, un o eglwysi yr Annibynwyr yn y dref. Roedd Elen Roger bob amser yn frolgar falch o'i thras, yn enwedig o'r bobl hynny 'a adawsant enw ar eu hôl'. Mae hi'n nodi er enghraifft fod Morswyn, Samuel John Griffiths – awdur 'Craig yr Oesoedd' - o'r un ach â'i thad. Chwedl ei merch, Meri Rhiannon, ar sgwrs, 'Dim ond anadlu enw Morswyn ac mi fydda' Mam yn prysuro i ddeud: "'Dydi o o'r un un gwaed â ni!"'.

Ond mae'r 'atgofion' yn awgrymu mai drwy chwys ei wyneb a dyfalbarhad – rhinweddau derbyniol iawn gan gapelwyr y cyfnod – y llwyddodd William Griffith i wella'i fyd: 'Pan adawodd 'nhad yr ysgol elfennol yn bedair ar ddeg oed, ymunodd â dosbarth nos i dderbyn

8. Dosbarth Ysgol Sul y Tabernacl (A) Caergybi ar ddechrau'r ganrif.
*Rhes gefn, o'r chwith i'r dde:* Thomas Evans, William E. Hughes, Meredith Jones, Owen Roberts, Griffith Jones, Owen Thomas. Ail res: Owen Hughes, Richard Evans, Edward D. Jones, R. Parry Davies, ————, Hugh Griffith ('Taid Caergybi').
*Yn eistedd ar lawr:* John Thomas, William Evans.

hyfforddiant mewn llaw fer a theipio . . . Cafodd waith fel clerc yn Swyddfa
Rheilffordd Caergybi am gyfnod, cyn mynd i weithio mewn swyddfa ym
Manceinion.' Dychwelodd i Fôn yn 1904, wedi'i benodi yn Brif Glerc y
Swyddfa Addysg yn Llangefni, ac arhosodd yn y swydd honno nes cael ei
benodi yn Ysgrifennydd y Pwyllgor Addysg yn 1928.

'Dringo' hwyrach ydi'r union air, a dringo, yn ôl coffâd y *Goleuad*, 'ar
bwys ei deilyngdod' ond heb fanylu beth yn union oedd seiliau'r
teilyngdod hwnnw. Roedd bod yn Ysgrifennydd y Pwyllgor Addysg yn y
cyfnod hwnnw yn dal peth o gyfrifoldeb bod yn gyfarwyddwr addysg
heddiw. *'Father was Director of Education in Anglesey'*, meddai ei fab, Hugh
Griffith yr actor, wrth ohebydd y *Sunday Mirror* ddeugain mlynedd yn
ddiweddarach, mewn hanner brol, a hynny hwyrach oedd y gwir. Dyna
gyfnod dechrau trafod cael ysgolion cyfun i Fôn. Hwyrach mai William
Griffith a Dr Thomas Jones (Syr Thomas Jones wedi hynny), Amlwch,
Llywydd y Pwyllgor Addysg ar y pryd, oedd y ddau fu'n bennaf gyfrifol
am yrru'r swch i'r ddaear i agor y gwys gyntaf.

Yn ei 'hatgofion' mae Elen Roger yn dal ar bob cyfle i ddwyfoli'i thad.
Meddai ei mab, Wiliam: 'Ei thad, y dyn solet â'i draed ar ddaear Môn – y fo
oedd y dylanwad mawr arni.' Roedd yntau, mae'n amlwg, yn uchelgeisiol
drosti – fel yr oedd am weddill y plant – fel y gweddai hi i un oedd i ddod
yn Ysgrifennydd y Pwyllgor Addysg: 'Edrychem ymlaen at weld 'Nhad yn
dod adref ar ddydd Sadwrn, a byddai ganddo *The Children's Newspaper*
(Arthur Mee) i ni; cawsom yr *Encyclopaedia*, gan yr un awdur, yn nes
ymlaen.' Roedd hefyd fel pe'n warcheidiol iawn ohoni: 'Gan fy mod yn
teithio i'r Ysgol Cownti ar foto-beic 'Nhad [ar y piliwn] cerddwn o'r Ysgol
i'w Swyddfa ac eistedd yn swil ar stôl yn y gornel i ddisgwyl nes byddai
wedi gorffen ei waith.'

Mewn cymhariaeth, cymharol ychydig ydi'r cyfeiriadau at ei mam yn yr

9. William Griffith, tad Elen Roger
– y 'dyn solet'.

Mary Griffith, ei mam
– un 'fu'n ddiwyd ar hyd ei hoes'.

Cyfarfyddiad o bwys yn yr Hen Ysgol yn y dauddegau cynnar oedd 'Pwyllgor y Nyrs', lle y gwnaed trefniadau i gynnal Nyrs Ardal. Roedd yr ardal yn cynnwys Penrhoslligwy, Moelfre, Benllech i Foelfre Rhos-fawr, yn ogystal â Marian-glas. Y cynllun oedd fod dwy wraig yn mynd o dŷ i dŷ i wneud y casgliad blynyddol, yn y gwahanol gylchoedd. Ceid cyfraniadau hefyd gan yr Eglwys a'r Capeli, Nhad oedd trysorydd y Pwyllgor . . .

Darllenais mewn hen lyfr cofnodion mai deg punt y mis fyddai cyflog y Nyrs ddechrau'r ganrif. Cofiaf yn arbennig am Nyrs Florence Davies, un o Goedpoeth, ger Wrecsam, a chymeriad hynod o siriol, yn gwisgo bonet a chêp gwyrdd tywyll, ac yn mynd o gwmpas ar feic. Cafodd fy mrawd Huw waeledd go ddifrifol pan oedd yn bedair oed yn 1914 a deuai'r Nyrs i'w weld

yn ddyddiol. Daeth yn ffrindiau mawr i ni fel teulu.

Cofiaf 'Nhad mewn penbleth un tro, wedi gorfod cymeryd Nyrs ddi-Gymraeg dros dro. Roedd hen wraig uniaith Gymraeg ar Fynydd Bodafon angen sylw, a doedd dim i'w wneud ond i mi fynd efo Nyrs Brunt fel cyfieithydd; teimlais yn dipyn o lances. Rhoddodd y Nyrsys a ddaeth i'r ardal ar hyd y blynyddoedd gyfraniad gwerthfawr i'r gymdeithas, ar wahân i'w priod waith.

Allan o'i 'hatgofion'. Priododd Nyrs Florence gyda Robert Davies a bu'n byw yn y Graig, Marian-glas. Meddai Dewi Jones, Benllech, wrthyf mewn llythyr: 'Gwraig arbennig iawn ac arwres gen i . . . Efallai mai hi oedd y nyrs, os nad y wraig, gyntaf i reidio moto-beic ym Môn . . . a chofiaf ei hwyneb tlws a'i chwerthin iach.'

'atgofion'; fel mam dda a gadwai aelwyd ddiddos a disgyblaeth resymol ar ei phlant y mae hi'n cyfeirio ati: 'Dacw'r mat-racs c'nesol a lliwgar ar yr aelwyd. Un dda oedd Mam efo'i nodwydd – wedi gweithio darnau sbâr o ddefnydd a brethyn i mewn i ddarn mawr o ddefnydd bras, a chreu patrwm . . . Byddai Morgan, fel y galwem ni'r tegell haearn, wastad yn canu wrth estyn croeso i bawb ddeuai at yr aelwyd. Roedd *Home Sweet Home* wedi'i weithio'n gywrain i'r darn haearn o gylch y lludw, a ffendar loyw a stôl bres mor hwylus i gadw bwyd yn gynnes . . . Welais i 'rioed y wialen fedw fyddai ar y silff ben tân yn cael ei defnyddio, ond byddai Mam yn ymestyn amdani a bygwth pan fyddem ni'r plant yn cambyhafio.' Fe'i disgrifiwyd yn y papur lleol, wedi'i marwolaeth, fel un 'fu'n ddiwyd ar hyd ei hoes ac yn amlwg ym mywyd cymdeithasol a chrefyddol yr ardal', yn un a ddarllenai lawer a chanddi 'farn sicr a phendant ar amrywiol bynciau . . .'

Ond bu dylanwad ei mam arni yn un hir a chyson. Wedi'r cwbl, fe gollodd ei thad a hithau'n ferch ifanc 26 oed gan deimlo'r ergyd i'r byw. Ond cafodd Mary Griffith fyw i fod yn 86; erbyn hynny, 1961, roedd ei merch yn ganol oed da ac yn medru ysgwyddo'r golled yn fwy naturiol.

Pellter ffordd, mae'n debyg, yn fwy nag unrhyw bellter arall, sy'n gyfrifol mai am ei thaid a'i nain o ochr ei mam mae hi'n sôn gan amlaf – wedi'r cwbl roedd yna fwy na thaith diwrnod Sabath rhwng Moelfre a Chaergybi yn y dyddiau cyn y Rhyfel Byd Cyntaf. Roedd Ponc yr Efail, ar y llaw arall, fel ail gartref iddi. Ac os mai William Griffith, y 'dyn solat' a'r dyn llyfrau, roddodd iddi'r gwerthoedd ar gyfer byw ac agor iddi ddrws gwybodaeth ar gyfer diwylliant ac addysg, mae hi'n eithaf posib mai Nain Ponc yr Efail – un a fyddai'n tynnu patrymau ar garreg yr aelwyd i 'rwystro ysbrydion drwg i ddod i lawr y simne' ac yn adrodd straeon tylwyth teg – daniodd ei dychymyg a rhoi iddi gariad at liw a llun. Yn nes ymlaen yn ei bywyd roedd Elen Roger Jones i fanteisio'n llawn iawn ar yr etifeddiaeth honno.

## 2. PLENTYNDOD

Os oedd Elen Roger Jones yn ymfalchïo yn ei thras roedd hi hefyd yr un mor falch o'i chynefin. 'Ym Marian-glas y cefais i 'ngeni a'm magu,' meddai ar ddechrau y *Portread* ohoni deledwyd yn 1997. (Ni fyddai neb yn ei chwmni'n hir heb iddyn nhw gael gwybod hynny!) 'Lle tawel braf uwchben y môr rhwng Benllech a Moelfre.' Fel 'ni yn y Marian 'cw' y byddai hi'n cyfeirio at yr ardal ac at ei chyd-ardalwyr. Yno y treuliodd hi wanwyn bywyd ac yno y dychwelodd i hydrefu wedi i'w gŵr ymddeol.

Porfa o dir comin agored uwchben y môr ydi'r Marian ei hun gyda thwmpathau yn un cwr iddo, ffordd darmac yn ei amgylchynu a nifer o dai chwaethus amgylch-ogylch. Wedi'r 'Rhyfel Mawr' fe gododd ardalwyr plwyfi Llanallgo a Llaneugrad gofeb dal ar y Marian i gofio y rhai a syrthiodd yn y brwydro: 2 o'r llynges, 9 o'r fyddin a chynifer ag 17 o longau masnach; fe ychwanegwyd tabled ar y gofeb yn ddiweddarach i gofio'r 13 a gollwyd yn ystod yr Ail Ryfel Byd.

10. Y tu allan i 'Angorfa' gyda'u plant a ffrindiau'u plant.

Wedi dringo o'r briffordd sy'n rhedeg o Bont y Borth am gyfeiriad Amlwch ac edrych ar draws y Marian, yr adeilad sy'n taro'r llygad ydi Hen Ysgol Marian-glas. Yn wir, roedd cyfeirio at honno yng nghwmni Elen Roger yn ddigon i ddeffro'i hawen yn y fan a'r lle ac fe âi ati i nyddu salm o foliant i'r adeilad gan faint ei dyled i'r hyn a ddigwyddodd o'i fewn.

Roedd hanes sefydlu yr Hen Ysgol yn fabinogi y câi Elen Roger Jones flas ar ei adrodd. Fel un a weithiai ym myd addysg, ac un oedd yn Ymneilltuwr o argyhoeddiad, diogelodd ei thad rifyn o *Cymru* 1843 lle cyhoeddodd Syr Hugh Owen – y gwas sifil a'r addysgwr – ei *Lythyr i'r Cymry*, yn eu cymell i ddal ar gyfle'r dydd i sefydlu ysgolion Brytanaidd – ysgolion yn rhydd o oruchwyliaeth yr Eglwys Wladol. Roedd yna ddigon o ddur 'ym mhobol y Marian' i droi'r her yn bedwar mur a tho ac fe ymfalchïai Elen Roger yn hynny: 'Rwy'n falch fod digon o frwdfrydedd yn yr ardal i adeiladu'r Ysgol ymhen dwy flynedd wedi i'r llythyr ymddangos. Yn Rhos-y-bol y codwyd y gynta' ym Môn a'r ail ym Marian-glas.' Ond roedd yna bwysau i'w deimlo'n lleol, o bosibl: 'Mantais oedd fod John Phillips (y Coleg Normal, Bangor) wedi priodi merch Y Frigan, ffermdy yn yr ardal, ac roedd o'n cydweithio â Syr Hugh Owen.'

Blwyddyn o garwriaeth fu rhwng Mary a William Griffith yn ôl ei merch. Er na ddaru hi nodi hynny yn yr 'atgofion', mae'n fwy na thebyg mai dod i letya at y weddw ifanc a wnaeth William Griffith, yn 1906, ac yntau erbyn hynny'n gweithio yn Llangefni. Fe'u priodwyd yn 1907, cyn symud i fyw i Angorfa – tŷ helaeth, braf a godwyd ar dir Ponc yr Efail, yng ngolwg y môr ac ar gwr y Marian. Pan anwyd Elen yn Awst 1908 – ac fel Neli, gyda llaw, y byddai'i rhieni a'i chyfoedion yn cyfeirio ati bob amser – roedd

11. Y ddwy chwaer, Elen a Siarlot (ar y grisiau) mewn priodas yng Nghaergybi, Mai 1916.

Thomas, mab yr ail briodas, yn chwech oed; ganwyd merch arall, Siarlot, cyn pen dwy flynedd, a Huw – yr actor wedi hynny – ddwy flynedd yn ddiweddarach.

Mae Elen Roger yn sôn gyda chynhesrwydd am ei magwraeth ar y Marian. Efallai mai 'lle tawel braf . . . rhwng Benllech a Moelfre' ydi Marian-glas erbyn heddiw ond yn ei 'hatgofion' mae hi'n disgrifio ardal oedd yn bentref prysur, pentref oedd yn fyd cyfan ynddo'i hun, gyda'i fecws a'i efail go', ei siopau a'i weithdai, lle roedd gwniadwraig a chrydd yn dal wrth eu crefft, lle galwai'r 'car post' a'r 'car bara' a lle deuai rhai heibio ar eu trafael i werthu potiau a chocos a halen. A'r Marian oedd y cae chwarae: 'Pan fyddai Mam yn brysur a ninnau 'dan draed', fel y byddai'n deud, aem i chwarae ar y Marian . . . efo'i lwyni eithin yma ac acw; lle da i redeg a dal, neu chwarae cuddio.' A phe digwyddai i'r tywydd droi, wel Becws Bryneugrad amdani, 'lle cynnes braf ar dywydd oer'.

12. Hugh Griffith a'i fathodyn – aelod cynnar o Urdd Gobaith Cymru.

13. Traeth Bychan, 1923.
*Rhes gefn o'r chwith i'r dde:* Siarlot, Katie Parry, Elen Roger, Annie Roberts, Luned Jones (priod y Parch. Erastus Jones erbyn hyn).
*Rhes flaen:* Jackie Parry, Hugh Griffith, Mair Williams, Harri Williams (y gweinidog a'r athro coleg), Wil Roberts.

23

'Cofiaf y cyfarfodydd cystadleuol a'r cyngherddau gynhaliwyd yn yr Hen Ysgol. Ar y llwyfan yno y gwelais delyn am y tro cyntaf a dotio at y seiniau hyfryd fyddai Cecil Thomas, Ciali (tafarn y Califfornia) yn ei gael wrth ei chwarae . . . Ond y canwr Richard Roberts o Bentraeth dynnai sylw ni'r plant, ac fe'i enwyd yn *Basso-profundo* oherwydd ei lais dwfn . . . Arweinydd ffraeth y nosweithiau hyn fyddai Ap Thelwal, a llwyddai i gadw'r dorf – gydag ugeiniau yn sefyll yn y cefn – mewn trefn a hwyliau da. Roedd llawer o hwyl i'w gael yn y cyngherddau. Cofiaf Ap Harri ac O. H. Hughes, barbwr o Langefni, yn ein difyrru trwy daflu llais, a Gwilym Ceinion o Lannerch-y-medd yn dod i ganu ac adrodd. Un rhigwm a ganai oedd:

> Mae Wil goes bren wedi mynd o'i go'
> A neb yn y fro, ond y fi a fo.
> Mae babi bach drws nesa' wedi llyncu llwy,
> A dim castoroil o fewn y plwy'.

Adroddai rhyw ddarn o'r enw *Wil Philyp* – hanes rhywun o'r enw yn meddwi a chysgu'n y ffos, a chael ei ddeffro a'i ddychryn gan nodau ceiliog bronfraith ac yntau'n meddwl fod rhywun yn ei alw wrth ei enw! Roedd Gwilym Ceinion yn ddynwaredwr campus . . . Deuai cwmni drama o Dalysarn yn flynyddol i'r Hen Ysgol i gyflwyno comedïau . . .'

Elen Roger Jones yn ei 'hatgofion'.

14. Cwmni Drama Talysarn, a ymwelai â'r Hen Ysgol, yn *Arthur Wyn y Bugail*, 1919.

24

15 Merched Marian-glas a fu'n paratoi te parti i blant y Marian, 1969 – arfer sy'n parhau'n flynyddol.
*O'r chwith i'r dde:* Mrs Pritchard, Marianfa; Sarah Williams, Tŷ'r Ysgol; Nel Evans, Graig Wen; Suzanne Hopwood, Y Post; Jean Parry, Gwel-y-don; Jean Ellis, Stâd Glasffordd; Margaret Roberts, Gloddfa; Elen Roger, Y Wylfa; Mair Williams, Cae Eithin; Mary Parry, Hen Efail.

Os oedd dyn am gael daliad mewn capel neu chwarter o ysgol roedd rhaid gadael y Marian a cherdded cryn filltir, i lawr am gyfeiriad Moelfre. Ond roedd yr Hen Ysgol yn ganolfan hwylus i gonsart neu ddrama ac i ysgol Sul. Roedd yno ginio poeth i'w gael unwaith: 'Yn ôl pobl hŷn yr ardal, byddai digwyddiad o bwys yn yr Hen Ysgol bob Sulgwyn am lawer blwyddyn. Ar ôl gorymdeithio i gyfeiliant seindorf, eistedd am ginio poeth wedi'i ddarparu gan ferched y fro a'i baratoi ym mhopty mawr becws Bryneugrad. Credaf mai rhyw gwmni yswiriant oedd tu ôl i'r trefniadau.'

Ond mae'n amlwg mai'r dramâu cynnar gydiodd yn ei dychymyg yn fwy na dim arall, er y soniai hi gryn dipyn am ei dyled i ysgol Sul a gafodd hi yn yr Hen Ysgol. Fel y cawn weld yn nes ymlaen, gadawodd y ddrama gyntaf a welodd hi ar lwyfan yr Hen Ysgol argraff ddofn arni a *The Hunchback of Notre Dame* oedd y ddrama gofiadwy honno.

Serch ei moliant cyson i'r Hen Ysgol, 'doedd popeth a ddigwyddodd (ac a fyddai'n digwydd) rhwng y muriau trwchus ddim yn dderbyniol ganddi. I'r Hen Ysgol yr âi Nain Ponc yr Efail 'â cheiniog yn ei llaw' a gorfod dioddef 'y profiad erchyll o wisgo'r *Welsh Not'*. Ond fe alla'i ddychmygu fod hyn i gyd wedi'i wthio i'r cefndir y pnawn cofiadwy hwnnw yn 1991

25

pan ddadorchuddiwyd llechen ar fur yr Hen Ysgol i anrhydeddu'i brawd, Huw – un o 'hogiau'r Marian' - a ddaeth yn actor mawr ei glod. Cyngor Sir Ynys Môn roddodd y gofeb ond synnwn i ronyn nad oedd a wnelo hi rywbeth â'r geiriad cynnil a fynnai gydio'r actor crwydrol wrth ei blentyndod; cyfaddawd, mae'n debyg, oedd ychwanegu un llinell Saesneg!

UN O'R ARDAL HON OEDD
HUGH GRIFFITH
(1912 – 1980)
A DDAETH YN ACTOR BYD-ENWOG.
YMFALCHÏAI BOB AMSER YN EI WREIDDIAU.
TO COMMEMORATE AN OSCAR-WINNING ACTOR

Erbyn y daeth hi'n amser i Neli ddechrau ar ei haddysg roedd yr Hen Ysgol wedi hen gau'i drysau fel sefydliad addysgol ac i Ysgol Llanallgo, dri

16. Edrych ar draws y Marian i gyfeiriad yr Hen Ysgol.

chwarter milltir i ffwrdd, yr anfonwyd hi. Ond, yn ffodus iddi, 'doedd y newid cynefin ddim yn golygu newid cydnabod. Athrawes yr 'infants' yn Llanallgo oedd Miss Esther Williams, un o Landygái yn wreiddiol, ond 'Swilias' oedd hi i Neli gan mai yn Angorfa y lletyai. Daeth yno i letya wedi i'r fam ifanc golli'i hail ŵr i fod yn gwmni i'r weddw ifanc a'i phlentyn, ac yno y bu, 'fel un o'r teulu', hyd nes iddi ymddeol, yn fath o ail fam yng ngolwg Neli: 'I Eglwys Plwy Llanallgo yr âi ar y Sul, a chawn fynd efo hi ambell nos o haf. Cawn i neu fy chwaer gysgu efo hi yn ein tro. Uwchben ei gwely roedd llun o Iesu Grist, a byddem yn dweud ein pader efo'n gilydd. Cofiaf ei gwylio, gyda syndod, yn gwneud ei gwallt – brwsio'n galed a'i gribo, cyn codi cocyn ar y gwar, yna codi rholyn o wallt uwchben y llygaid . . . 'Does ryfedd fod f'atgofion cynta' o ysgol yn rhai mor hapus, a finna'n cael Miss Williams yn athrawes . . .'

Cymeriad hynod oedd yr Hen Sgŵl, bendith arno. Yr oeddem yn ei ofni yn arw, ac eto yr oedd gennym barch mawr tuag ato. Yr oedd yn gerddor da, ac arferai eistedd wrth ei ddesg neu fynd o gwmpas yr ystafell gan ddychmygu ei fod yn canu'r biano, achos nid oedd gennym biano yn yr ysgol. Edrychai'n union fel petai'n ddyn gwyllt neu wallgof – pob math o ystumiau yn dod tros ei wyneb tra ysgydwai'i fysedd a'i arddyrnau i fyny ac i lawr, yn ôl ac ymlaen, fel melin wynt. Edrychwn innau arno trwy gornel un llygad yn slei. *"Hugh, get on with your essay"*, meddai yntau, gan gario ymlaen gyda'i giamocs. O, cymeriad rhyfedd ydoedd. Byddai'n hoff iawn hefyd o grafu y tu mewn i'w glustiau gyda phin, eto gan dynnu pob math o stumiau hyd ei wyneb, ac weithiau gan ymarfer ei fysedd a'i arddwrn ar gyfer y biano gyda'r llaw fyddai'n rhydd, gan ymddangos fel band-un-dyn. Un tro, 'rwy'n cofio'n iawn, fe gollodd y bin, hynny ydi, fe'i collodd yn nhwll ei glust – aeth o afael ei fysedd. Dechreuodd ysgwyd ei ben ar un ochr yn

ffyrnig, gan ddisgwyl i'r bin syrthio allan wrth gwrs, a neidiodd ar y llawr yn union fel rhyw oen bach yn prancio. Yr oeddem wedi dychryn. *"Hugh, boy,"* meddai o'r diwedd, *"see if you can get that pin out for me – your fingers are smaller than mine."* Dyma finnau yn dechrau ymbalfalu yn nhwll ei glust. Cefais afael yn y bin, a'r un pryd cefais afael hefyd yn rhai o'r blewiach oedd yn y cyffinia. *"Got it, sir,"* meddwn i. *"Good boy"* meddai yntau. *"Keep still a minute, Sir,"* a dyma fi'n tynnu'r bin a'r blewiach a'r cwbl allan. *"A- a-a-a-w"* meddai yntau. *"What in heaven's name are you doing, boy?"* *"Here it is, sir,"* meddwn innau gan drosglwyddo'i eiddo'n ôl iddo.

Huw Griffith, brawd Elen Roger, mewn sgwrs radio yn nechrau'r pumdegau a gyhoeddwyd yn ddiweddarach yn rhifyn Gaeaf 1952 o *Môn* – cylchgrawn y Sir a gyhoeddid, ar y pryd, o dan nawdd y Cyngor Gwlad – o dan y pennawd *Pan Oeddwn Yn Fachgen.*

17. W. R. Edwards. Yr 'Hen Sgŵl', 1920.

Ond pan ddaeth hi'n amser i symud i'r 'rŵm fawr' chwedl hithau, a gollwng llaw 'Swilias', ac yn nes ymlaen ymuno â dosbarth y *scholarship* dan oruchwyliaeth yr 'Hen Sgŵl', fe oerodd pethau yn ei hanes. Cymro o Dywyn Meirionnydd oedd W. R. Edwards, y Prifathro, ac yn ôl yr 'atgofion' prin iawn oedd ei Gymraeg a phrinnach fyth ei gydymdeimlad â'r iaith: ''Does gen i'r un co' canu cân Gymraeg yn yr ysgol'. Nid bod hynny yn ei wneud yn eithriad yn y cyfnod hwnnw. Ond syndod pob syndod, Saesneg siaradai William Griffith ac yntau, yn ôl y sgwrs radio. Ac yn unol ag un arall o batrymau'r cyfnod roedd o hefyd yn ddisgyblwr cadarn: 'Roedd gan hogia' Moelfre arferiad o gyrraedd yr ysgol yn hwyr, a byddai hynny'n gwylltio Mr. Edwards. Yna deuai â'r

18. Dosbarth yn ysgol Llanallgo gyda'r Prifathro, 1918. Elen y pedwerydd o'r dde yn y rhes flaen a Gwilym Roger y pedwerydd o'r dde yn y rhes gefn.

28

gansen allan a chreu miri mawr . . . Pan waeddai *"Where have you been?"* Yr ateb fyddai *"Coming, Syr!"'*

Roedd Neli yn ddisgybl yn yr ysgol yn Llanallgo pan oedd y Rhyfel Mawr yn ei anterth ac roedd helpu gyda'r *'War Situation'* - fel y byddai'r Prifathro'n cyfeirio – yn rhan o'r cwricwlwm; yn yr hydref roedd hynny'n golygu treulio pnawniau Mawrth ac Iau yn hel mwyar duon oddi ar berthi'r fro er mwyn i ferched yr ardal wneud jam.

Ar derfyn y Rhyfel Byd Cyntaf, cyfyng oedd y porth a chul iawn oedd y ffordd a arweiniai o Ysgol Llanallgo i'r Cownti yn Llangefni, ac i ddyfynnu'r Beibl ymhellach – ychydig oedd 'yn ei chael hi'. Yr 'Hen Sgŵl' a benderfynai pwy, yn ei dŷb o, oedd yn deilwng i gael cyfle i sefyll y *scholarship*: yr arholiad hollbwysig ac annheg a agorai'r drysau i addysg uwch. Mae'n ddiddorol sylwi mai Neli, merch Prif Glerc Pwyllgor Addysg Môn, a Gwilym, mab Gweinidog Llanallgo, oedd yr unig ddau o holl blant y dosbarth (ac roedd o'n ddosbarth o oddeutu 26 yn ôl y darlun sydd ar gael) i gael y cyfle hwn yn 1920. Aros yn yr ysgol hyd eu bod yn cyrraedd pedair ar ddeg fu ffawd y gweddill ohonyn nhw. Ond o gael eu dewis, roedd rhaid eu paratoi ar gyfer y dydd o brysur bwyso: 'Priododd Mr Edwards â phrifathrawes ysgol gyfagos, sef ysgol Llaneugrad, a threfnodd efo hi i Gwilym a finna' fynd ati am brofion, fel ymarferion at y diwrnod mawr.'

Mae'n ddiamau iddi fwynhau ei blynyddoedd yn Ysgol Sir Llangefni ond cymharol ychydig sydd ganddi yn ei 'hatgofion' am y blynyddoedd ffurfiannol hynny. Thorrodd hi mo'r cwlwm oedd yn ei chydio wrth ei chartref a'i chynefin. Yn wir, caf yr argraff i'r bywyd a'r brwdfrydedd oedd ym Mharadwys, capel y Methodistiaid yn Llanallgo, gael cymaint dylanwad arni â'i blynyddoedd yn y Cownti. Yn y capel hwnnw y cafodd hi rai o'r gwerthoedd y glynodd hi mor gadarn wrthyn nhw gydol ei bywyd – boed eraill yn cytuno â hi neu beidio. Meddai hi yn *Portread*: 'Ond i fyd di-deledu y cefais i fy ngeni. A Hoelion Wyth y pulpud, ac nid sêr y sgrîn, oedd ein harwyr ni ar ddechrau'r ganrif

Un diwrnod, daeth Mr. Edwards i'r 'rŵm fawr', a deud fod isio i ni ofyn i'n mamau ferwi wy yn galed – *I want you all to bring an egg to school tomorrow*, Saesneg bob gair – ac yna ninnau i roi ein henw a'n cyfeiriad ar y plisgyn, a dod â fo i'r ysgol er mwyn ei anfon i helpu i fwydo'r milwyr. Ymhen wythnosau daeth llythyr i'n tŷ ni wedi'i gyfeirio i 'Miss Griffith', ac wedi 'i anfon o Ffrainc! 'Does gen i ddim co' am hynny, ond gallaf ddychmygu'r syndod pan gyrhaeddodd. 'Rwy'n falch iawn fod y llythyr wedi'i gadw'n ddiogel, ond roedd fy rhieni wedi marw pan ddois i ar ei draws. Cafodd ei anfon gan Horace Coe o Ysbyty yn *Rouen* ar Dachwedd yr ail,1916, i ddatgan ei werthfawrogiad a nodi mor flasus oedd yr wy ar ôl *'rations of bully beef and hard biscuits'*. Un o Swydd Efrog oedd o ac yn perthyn i'r *Royal Scots Fusiliers*. Chlywais i am neb arall, hyd yma, dderbyniodd lythyr fel hyn. Rwy'n ei drysori.

Allan o'i 'hatgofion'.

29

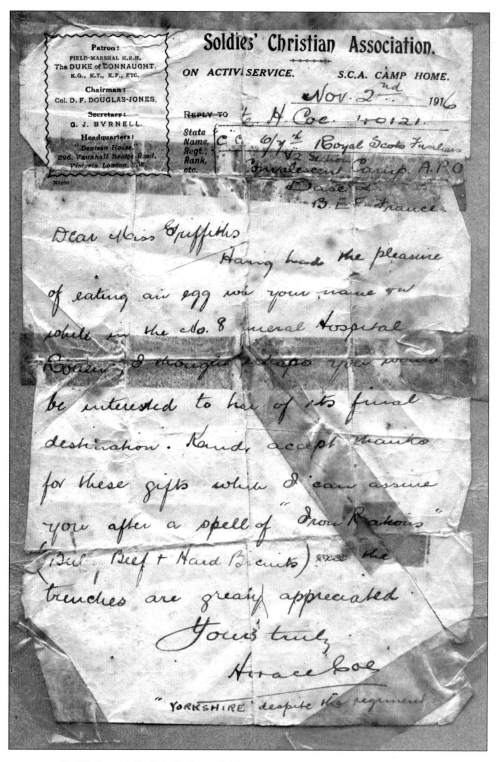

**Soldies' Christian Association.**

ON ACTIVE SERVICE.      S.C.A. CAMP HOME.

Nov. 2nd 1916

REPLY TO ¼ H Coe. 40121.

State
Name, C C 6/7ᵗʰ Royal Scots Fusiliers
Regt., V₂ Section
Rank, Convalescent Camp. A.P.O
etc. Base L
B.E.F. France

Dear Miss Griffiths

Having had the pleasure of eating an egg with your name on while in the No. 8 General Hospital Rouen I thought perhaps you would be interested to hear of its final destination. Kindly accept thanks for these gifts which I can assure you after a spell of "Iron Rations" (Bul, Beef + Hard Biscuits) given the trenches are greatly appreciated.

Yours truly
Horace Coe.

"YORKSHIRE' despite the regiment

19. Y llythyr, treuliedig bellach, yn diolch am yr wy, 2 Tachwedd 1916.

20. Yn eistedd ym 'Mharadwys', *Portread*, 1997.

. . . Y capel – capel Paradwys Llanallgo – oedd canolbwynt ein bywyd ni. Roedd popeth yn troi o gwmpas gweithrediadau'r capel a 'doedd o ddim yn fwrn o gwbl i ni'r plant. Roedd y pregethwyr yn ein swyno ni efo'u huodledd. 'Doeddan ni ddim yn deall pob dim oedd ganddyn nhw, ond roeddan ni'n mwynhau.'

Y capel, wrth gwrs, oedd canolfan arall fy mywyd pan yn blentyn. Mae fy nghapela yn frith o atgofion, ond cyn diweddu, rhaid i mi ddweud wrthych fel y byddwn yn cael lifft i'r capel weithiau yng nghar a cheffyl fy nhaid. Nid oedd ef yn flaenor, ond fe fyddai'n rhoi lifft bob bore Sul i un o'r blaenoriaid oedd yn byw gyferbyn â ni – hen deiliwr o'r enw Owen Hughes – gŵr yr hen wraig y byddwn i'n dwyn ei chwsberins. Byddwn i a'm chwiorydd a'm brawd a'm cefnder bob bore Sul am y cyntaf at y giât i gael lifft. Eisteddem gefn wrth gefn, fy nhaid ac Owen Hughes yn y ffrynt a dau ohonom ninnau'r plant a'n cefnau tuag atynt y tu ôl. Wrth fynd yn hamddenol felly hyd y ffordd gul byddem yn medru cael llond dwrn o eirin moch oddi ar y gwrychoedd. Yna byddem yn rhoi'r rhain fesul un yn ofalus yng nghantal het fy nhaid a het Owen Hughes – hetiau hen ffasiwn fyddai ganddynt – rhyw hanner ffordd rhwng bowler a het silc. Tra trotiai'r hen ferlen yn ei blaen byddai fy nhaid ac Owen Hughes yn rhyw siglo o un ochr i'r llall, a byddem ninnau'n gwylied yr eirin moch yn rhedeg gyda'i gilydd hyd ymylon y cantelau. Weithiau byddem yn cael gafael mewn ambell i ddeilen neu ddarn o redyn ac yn eu rhoi yn ofalus dan goleri eu cotiau. Cofiaf yn dda i'r hen Owen Hughes fynd unwaith yn syth i'r sêt fawr ac eistedd yno'n barchus gyda sbrigyn o redyn yn addurno'i gefn cam.

Huw Griffith yn y sgwrs radio a gyhoeddwyd ym *Môn*. Mae ei chwaer wedi cofnodi'r un stori am y rhialtwch Sabothol yn ei 'hatgofion'.

31

Un o'r cyfarfodydd a gafodd ddylanwad arbennig arni oedd y Gobeithlu, neu'r *Band of Hope* fel y cyfeiriai ato weithiau. Cyfarfod ar gyfer plant oedd hwnnw gyda'r amcan sylfaenol o hyrwyddo llwyrymwrthod ond gan felysu'r neges gyda chryn dipyn o hwyl cystadlu a chwarae gemau. Gweinidog Paradwys, y Parch. R. R. Jones, fyddai'n arwain yn y Gobeithlu. Meddai hi ar goedd gwlad yn *Portread*: 'Wedyn mi fydda'n gofyn i ni blant ddeud ar 'i ôl ryw addewid "Rwyf yn addo, trwy gymorth Duw, i beidio cymryd fy hunan na rhoddi i eraill unrhyw fath o ddiod feddwol fel diod gyffredin" a ma'r geiriau yna wedi aros hefo fi.' Nid yn unig fe arhosodd y geiriau hefo hi ond fe lynodd hi wrth ysbryd yr addewid a hynny, mewn blynyddoedd diweddarach, yng nghwmni rhai cyd-actorion oedd yn

Mab i chwarelwr o'r Waunfawr yn Arfon oedd y Parch. R. R. Jones. Fe'i hordeiniwyd i'r weinidogaeth yn 1900. Un o'r Bala oedd ei wraig. Daeth yn Weinidog i Lanallgo yn 1913 ac yno y bu nes marw yn 1933 yn 59 mlwydd oed. Mae'n amlwg fod ganddo ddiddordeb gwirioneddol mewn plant a phobl ifanc a dawn i'w trin. Meddai'r coffâd iddo gyhoeddwyd yn y *Blwyddiadur* 1934: 'Gweithiodd yn galed gyda'r ieuenctid. Cynhaliai gyfarfodydd i baratoi y plant i'r arholiadau yn ystod y gaeaf ac ar fore Sadwrn, a gwelwyd ffrwyth i'w lafur.' Ac meddai Elen Roger Jones (a ddaeth yn ferch yng nghyfraith iddo yn nes ymlaen): 'Cofiaf fel y buom ni, bobl ifanc, yn teimlo'n drist iawn o golli ffrind'. `'Doedd y 'Nhad ddim yn be' fasach chi'n alw yn bregethwr mawr,' meddai'i ferch, Beryl Jones, sy'n dal i fyw yn Nhŷ'n Lôn, tŷ'r gweinidog unwaith – yr unig un sy'n fyw o'i bedwar plentyn - 'ond roedd o'n paratoi'n drwyadl ac mi roedd ganddo fo ofal mawr dros bobl ifanc.' Diddorol ydi sylw'r *Goleuad* am ei angladd: 'Methodd ugeiniau â chael lle – ac yn eu mysg blant o'r ysgol a safai mor drist o boptu'r ffordd o flaen y capel.'

21. Y Parch. R. R. Jones – a 'weithiodd yn galed gyda'r ieuenctid' – yn hamddena yn yr hesg, ar wyliau haeddiannol yn Y Friog, Sir Feirionnydd, 1932.

22. Dosbarth bore Sadwrn, capel Paradwys: Elen y bumed o'r chwith yn yr ail res, Gwilym Roger yr ail o'r chwith yn y rhes flaen, Hugh (a gafodd fynd yno gyda'i chwaer fawr) y pedwerydd o'r chwith yn y rhes flaen, John Williams Hughes (cefnder) yr ail fachgen o'r dde yn y rhes gefn.

credu'n eithafol wahanol; yn destun gwawd i ambell un ond yn 'gydwybod' ac yn destun edmygedd i eraill.

Mae'r hyn a ysgrifennodd hi am Baradwys yn dangos fel roedd bywyd y capel yn un eithaf crwn; yn cynnig diwylliant ac adloniant fel rhan o'r pecyn Cristnogol a chrefyddol. Roedd yr 'Hoelion Wyth', chwedl hithau, yn actorion dawnus (nid eu bod, o angenrheidrwydd, yn actio pregethu ond eu bod yn actio wrth bregethu) ac i rai ag actio yn eu gwaed, fel Neli a Huw ei brawd, roedd ailfyw y ddrama wedyn yn demtasiwn ac yn bleser. Hwyrach fod yna leisans yn Angorfa i ddynwared pregethwyr abl fel Llewelyn Lloyd neu Thomas Williams, Gwalchmai neu ddoniau llai fel Thomas Williams, Talwrn neu Huw Robaits, Elim ond roedd mynd ati i ddynwared dyn duwiol ar ei liniau yn fater arall: '. . . chwarae Capel fyddem ni yn y parlwr, a dynwared eto; ledio emyn, codi canu, gweddïo, casglu, heb anghofio'r gofalwr yn dod o gwmpas i droi wiciau'r lampau i fyny. Cofiaf un tro i mi ddynwared hen ŵr fyddai'n mynd ar ei liniau ac yn ymbil yn daer iawn ac yn ddagreuol ar Dduw am faddeuant. Clywodd Mam o'r gegin, a daeth i mewn gan dd'eud y drefn yn hallt. Chwarae Capel heb weddïo fuon ni ar ôl hynny!'

Nid drama a pheni-rîding oedd oll o'r gweithgareddau o bell ffordd; roedd yno ddisgyblaeth gerddorol dda i'w chael i bawb oedd yn dymuno hynny ac roedd yr ysgol-gân yn fwynhad pur i Neli: '. . . A pheth arall fuon ni'n neud pan oeddan ni'n blant, ac yn ei fwynhau o hefyd, oedd dod i'r capal am bump o'r gloch ar ddydd Sul i'r dosbarth Tonic Sol-ffa . . . pwyntio tôn ar y modiwletor, a wedyn mi fydda'na hen fachgan fydda'n ein dysgu ni. Roedd o'n medru rhoi'r nodau i ni hefo'i ddwylo, yn rhyfeddol – "do! . . . mi!" Rhoi i'r bechgyn un ochr a'r merched yr ochr arall. Roedd o'n rhyfeddol i mi. Mi roedd hynny'n gymorth mawr iawn at fod yn perthyn i gôr wedyn . . .'

Ond wrth adael ei chynefin yn ystod y dydd a mynd am Langefni, thorrodd hi, chwaith, mo'r berthynas glòs oedd rhyngddi a'i thad. Mae'r dyfyniad canlynol yn dangos awydd William Griffith i hwyluso addysg ei blant, hyd at brynu car at y gwaith yn y blynyddoedd difwsog hynny: 'Ar feic modur y teithiai fy Nhad bob bore i Langefni at ei waith yn y Swyddfa Addysg, a chafodd sêt bach i mi eistedd y tu ôl iddo. Pan basiodd Siarlot y

23. Wrth draed Lewis Edwards yng ngholeg y Bala adeg Gwersyll yr Urdd.
*O'r chwith i'r dde:* y Parch. R. R. Jones, Hugh Griffith, Bob Jones, Robin Jones, Eirlys Jones, Huw Jones, John Williams a Mrs Mary Jones (priod y Gweinidog).

24. *Dechrau Canu, Dechrau Canmol*, gyda chôr Bro Dyfnan, 24 Mawrth 1996, yn wyth a phedwar ugain!

*Scholarship*, cafodd seid-car efo'r moto-beic, yna pan basiodd Huw, prynodd gar bychan.' Yr unig gŵyn oedd gan Neli am y trefniant teithio oedd ei fod ar adegau o'r flwyddyn yn ei hatal hi a'i chwaer rhag ymarfer ar gyfer perfformiadau'r ysgol – *The Gondoliers* neu *Pirates of Penzance*, dyweder – cynyrchiadau lliwgar a fyddai'n union at ei dant dybiwn. Ond datgan siom wnaeth hi, nid mynegi unrhyw wrthryfel yn erbyn y trefniant. Yn ôl yr 'atgofion', Seisnigrwydd yr ysgol oedd un peth a'i pigai – er mai yng ngwres argyhoeddiadau a ddaeth iddi'n ddiweddarach, mae'n debyg, y teimlodd hi'r peth – a'r llall oedd y cinio 'annigonol', yn enwedig i'r rhai a deithiai yno o bell.

Ddaru hi ddim manylu yn ei 'hatgofion' pa rai o'r athrawon adawodd eu dylanwad arni, pa bynciau oedd yn rhoi gwefr iddi na phwy oedd ei ffrindiau agos. At y pethau ymylol, annisgwyl y cyfeiriodd hi; er enghraifft, bod plant y Cownti ar 'ddiwrnod glawog' yn cael dysgu dawnsio'r *waltz* a'r *foxtrot*, gan awgrymu iddi, yn ei dydd, gael gwefr o ddawnsio Seisnig felly.

'Mr S. J. Evans, M.A. oedd y Prifathro; ysgolhaig disglair, a ysgrifennodd eiriadur Cymraeg, ond anaml iawn y siaradai Gymraeg â ni'r plant. Ni chofiaf glywed dim ond Saesneg yn y Cyfarfyddiad Boreol pan fyddai'r ysgol i gyd yn ymgynnull yn y *Central Hall*. Cofiaf yn dda, pan oeddwn yn y pumed dosbarth, os byddai athro yn absennol, fel y deuai'r Prifathro atom a darllen barddoniaeth Saesneg mewn dull arbennig a chreu argraff ddofn ar lawer ohonom.

Mrs S. J. Evans a phriod y gofalwr fyddai'n trefnu cinio ysgol i ni. Galwai'r Prifathro ei wraig yn *'Dearest'*, a dyna y galwem ni hi! Huws Cêr oedd ein henw am y gofalwr, a Mrs Huws Cêr, ei briod. Y gair 'annigonol' sy'n dod i'r meddwl wrth sôn am y cinio, o ystyried fod llawer o'r plant wedi codi'n fore iawn, fel plant Pen-y- sarn a gerddai i Amlwch i ddal y trên. Fe ddeuai talpiau o fara i'r byrddau i wneud i fyny am y prinder ar y platiau. Cofiaf un bore Mawrth – bore 'r cawl – fod blas od ar hwnnw, a dyma fynd ar streic! Dyma ni'n rhoi'r llwy yn y cawl a'i gadael yn y bowlen ac eistedd yno'n llonydd a thawel. Roedd *'Dearest'* wedi cynhyrfu a'r Prifathro'n ddig.'

Allan o'i 'hatgofion'.

25. Gyda'i dosbarth yn y Cownti, Elen yn ail ar y dde yn y rhes flaen a Gwilym yn ail ar y dde yn y rhes gefn. Y Parch. John Pierce, yr Athro Cymraeg ac awdur *Dan Lenni'r Nos*, *Blacmel* a *Tri mewn Trybini* yn sefyll ar y dde.

26. Ffarwelio â'r Cownti, haf 1926, Elen yn y cefn ar y dde, W. H. Roberts (Niwbwrch) yn
    eistedd ar y dde a'r Prifathro, S. J. Evans, yn y canol.


Erbyn meddwl, yn y dauddegau, hwyrach mai hwnnw oedd y peth
gwahanol, mentrus oedd yn ei dwyn hi oddi wrth ei chynefin a'i diwylliant
cynhenid. P'run bynnag, fe alla'i ddychmygu fod Neli – o gofio'i pharch hi
i steil ac urddas mewn drama lwyfan, yn ddiweddarach – yn medru stepio
mor gelfydd â'r un oedd mewn jim-slip. Cyn diwedd ei dyddiau ysgol
roedd hi wedi penderfynu mai athrawes 'infants' oedd hithau am fod.
Hwyrach fod dylanwad caredig ei thad a'r patrwm welodd hi yn 'Swilias'
yn gyfrifol am hynny. Pwy ŵyr?

# 3. PERTHNASAU

## SIARLOT

Gydag anwyldeb mawr y cyfeiriai Elen Roger at ei chwaer iau, Charlotte. Fe'i henwyd felly ar ôl gwraig William, mab hynaf Ponc yr Efail, yn Wisconsin. Gyda'r blynyddoedd fe Gymreigiwyd ei henw ac fel 'Siarlot' y mae hi'n cyfeirio ati yn ei 'hatgofion', a hynny drachefn a thrachefn. Gan mai cwta ddwy flynedd oedd rhwng y ddwy, gyda Siarlot y byddai hi'n chwarae 'tŷ bach' ar y Marian, yn mynd i Fecws Bryneugrad hefo'r 'toes mewn tuniau, i'w grasu yn y popty mawr' neu'n picio i Siop Brynhafod i brynu 'pedwar taffi *York Seal* am ddima'. Pan ddaeth yr amser, fe ddilynodd Siarlot ei chwaer hŷn i Ysgol Gynradd Llanallgo ac yna i'r Cownti. Dyna'r pryd, fel y cyfeiriwyd, y bu i William Griffith roi seid-car wrth ystlys y moto-beic.

Mae hi'n amlwg i Siarlot gael yr un fath o fagwraeth warcheidiol, grefyddol â'i chwaer hŷn, gyda'r un gefnogaeth, a'r un math o ddisgwyliadau amdani. Un diddordeb oedd yn gyffredin i'r ddwy pan oedden nhw'n blant – a gydol eu bywydau o ran hynny – oedd cerddoriaeth; roedd cryn bwyslais ar yr aelwyd ar ddeall elfennau cerddoriaeth a dysgu chwarae offerynnau. Yn yr ugeiniau cynnar, fe brynodd William a Mary Griffith biano i'r aelwyd yn Angorfa. Roedd moethusrwydd felly yn siŵr o fod yn dipyn o ryfeddod a thestun siarad ar y Marian yn y cyfnod hwnnw ond rhoi amgenach cyfle i'r plant oedd y bwriad ac nid unrhyw duedd at swancio. Fel y cyfeiriodd Hugh Griffith yn ei sgwrs radio, ar y pryd 'doedd yna ddim piano yn Ysgol Llanallgo. 'Erbyn meddwl,' meddai Elen Roger yn ei 'hatgofion', 'roedd prynu piano wedi golygu cryn gost i'n rhieni . . . Gofalai Mam ein bod yn mynd at y piano i ymarfer yn gyson bob dydd, a byddai 'Nhad yn prynu cerddoriaeth fel caneuon *Sankey and Moody* [*Sacred Songs and Solos*, mae'n debyg] gan obeithio y deuem i'w chwarae.' 'Miss Maggie Parry A.L.C.M.' oedd eu hathrawes a byddai'n beicio i Angorfa o'i chartref yn Siop y Tabernacl i roi gwersi i'r ddwy. Ar ddiwedd y daith, wedi oes o fwynhau canu, cydnabu Elen Roger mai 'Miss Parry A.L.C.M.' a blannodd 'hoffter at gerddoriaeth' yn y ddwy ohonyn nhw fel ei gilydd. Yn nes ymlaen, cafodd Siarlot ddysgu chwarae'r ffidil mewn dosbarth a gynhelid yn yr Hen Ysgol cyn mynd ymlaen i gael hyfforddiant pellach yn Adran Cerddoriaeth y Brifysgol ym Mangor. Mae Nansi Mathews, Porthmadog – sy'n hanu o Foelfre ac sydd

27. Cerddorfa Llanallgo yn y pedwardegau.
*Yn y cefn, o'r chwith:* Iori Jones, Mrs Brindle, Lizzie Parry, Margaret Jones, Janet Jones.
*Rhes flaen:* Jennie Roberts, Jeanie Owen, Lina Owen, y Parch. Llewelyn Lloyd,
Marian Jones.

newydd gyrraedd ei 90 oed – yn cofio fel y byddai hi a'i chwaer, Margiad, yn cael mynd i Angorfa i ymarfer chwarae offerynnau - 'Neli'n chwarae sielo a'r dair arall hefo ffidil bob un'. Roedd Siarlot yn un o aelodau gwreiddiol Cerddorfa Môn, y gerddorfa enwog a sefydlodd y Parch. Llewelyn Lloyd yn nechrau'r dauddegau ac a fyddai'n ymarfer yn Ysgol Llanallgo ar nos Iau.

Yn bump ar hugain oed fe adawodd Siarlot Lanallgo, wedi iddi gael swydd yn adran breswyl Ysgol Dr Williams – ysgol breifat i ferched yn Nolgellau. Gan fod ei chwaer Neli a hithau'n dal i fyw gartref yn Angorfa, yn mynd ar wyliau gyda'i gilydd, ac yn cyd-ddilyn cyngherddau a dramâu yn Lerpwl a mannau eraill, bu'n ddigon anodd llacio'r cwlwm: 'Cofiaf y teimlad o chwithdod mawr wedi i Siarlot adael cartref . . . Fe awn i Ddolgellau ambell benwythnos, a chofiaf fynd i gyngerdd yn yr ysgol, a bod yn falch o weld Siarlot yn edrych mor hapus wrth chwarae ffidil yn y gerddorfa.' Ond hwyrach mai'r chwaer hynaf, gyda'i gofal mamol am y chwaer iau, a brofodd y chwithdod mwyaf. Wedi cyfnod byr yn Nolgellau, symudodd Siarlot i Aberystwyth – ar wahoddiad Prifathro Coleg y Brifysgol, Ifor L. Evans – i sefydlu a gweinyddu Clwb Cinio i ddynion – sef

Dyn byrgoes, byr iawn, a chrwn oedd y Parch. Llewelyn Christmas Lloyd ac un wedi syrthio mewn cariad oes â chlamp o offeryn cerddorol sef y bas-dwbl. Golygfa i godi braw ar gerddwyr ffyrdd culion, tywyll, Môn yn y dauddegau, meddai Elen Roger, oedd dod benben â 'Mistyr Lloyd' - ac felly byddai hi'n cyfeirio ato – â'r bas-dwbl rhwng ei hafflau neu ar ei war. Cyn iddo gael car, byddai'n marchogaeth moto-beic a'r offeryn anhylaw wedi'i strapio ar ei gefn – ac roedd honno, mae'n debyg, yn olygfa frawychus hefyd. Teithio y byddai o, ar adegau felly, i ymarfer neu berfformio gyda Cherddorfa'r Brifysgol ym Mangor neu i gwrdd â'i gerddorfa ei hun, Cerddorfa Môn, yn Ysgol Llanallgo.

Gweinidog gyda'r Annibynwyr oedd o wrth ei alwedigaeth ac un o Lanelwy yn wreiddiol. Fe'i hordeiniwyd yn 1917 ac wedi cyfnod gweddol fyr yn y De symudodd i Fôn yn 1923, yn weinidog eglwysi Bodffordd a Rhosmeirch, ac yno y bu hyd nes ymddeol yn 1954. Arhosodd ar yr Ynys hyd ei farw, yn 74 mlwydd oed, ym mis Rhagfyr 1962, ac mae'i fedd ym mynwent Rhosmeirch . Roedd Elen Roger yn cofio fel y bu iddi hi ac aelodau eraill o'i Gerddorfa fynd â'u hofferynnau i'w angladd, a chyfeilio yno mae'n debyg. Yn anffodus, collodd Llewelyn Lloyd a'i briod fab mewn damwain beic ger Benllech. Mewn erthygl i'r *Arwydd*, papur bro cylch Bodafon, fe'i disgrifiwyd gan Elen Roger fel 'bugail gofalus a phregethwr grymus'. Roedd o'n bregethwr grymus a gwreiddiol iawn mae'n debyg, pan fyddai mewn hwyl. Meddai Dewi Jones, Benllech, wrthyf mewn llythyr (roedd gwraig Llewelyn Lloyd yn gyfnither i'w fam) 'Pan oedd yn dda yr oedd yn dda a phan oedd o'n dda iawn roedd o'n wych.' Y Parch. John Watkin, Deganwy, a'm cyfeiriodd at hanes amdano yn pregethu'n wreiddiol wefreiddiol yn ystod Undeb yr Annibynwyr yn y Bala yn 1951 a'r gynulleidfa, yn llythrennol, 'yn codi ar ei thraed'. Ond pregethwr (a dyn, o ran hynny) oriog oedd o, yn ôl y portread a gyhoeddodd T. H. Smith yn rhifyn Gwanwyn 1964 o *Môn*: 'Dro arall, fodd bynnag, nid oedd dim hwyl, ymddangosai fel pe na bai'n ceisio pregethu, a deuai'r oedfa i ben ymhen ychydig funudau.'

Ymddiddorai yn hanes crefydd – yn arbennig hanes Ymneilltuaeth Ynys Môn – gweithiau Goronwy Owen a hanes y Morusiaid ac roedd o'n arbenigwr ar dyfu crysanthemyms. Roedd o'n gerddor wrth reddf. Meddai T. H. Smith: 'Gallai ganu bron bob offeryn, o'r organ geg i'r organ fawr . . . Siaradai am ei fas-dwbl fel pe bai bron yn gysegredig.' Bu'n dysgu cerddoriaeth i blant yn Ysgol Syr Thomas Jones, Amlwch, ond un gwan oedd o fel disgyblwr yn ôl ei addefiad ei hun. Y fo berswadiodd Elen Roger i gymryd at y sielo a galwai heibio i Angorfa i roi gwersi iddi. Bu hithau, fel Siarlot ei chwaer, yn aelod o Gerddorfa Môn, yn perfformio mewn cyngherddau ledled y Sir, yn cyfeilio mewn cymanfaoedd canu ac yn cystadlu mewn eisteddfodau gan gynnwys yr Eisteddfod Genedlaethol. 'Rwy'n cofio cyfaill yn dweud amdano,' meddai John Watkin yn ei lythyr, 'yn mynychu cymanfaoedd canu Annibynwyr Môn, a chymanfa yn y Tabernacl, Caergybi – cerddorfa'n cyfeilio, a Ll.C.Ll. cyn yr oedfa (wrth gwrs!) yn sefyll ar ben y sêt i diwnio'i ddwbl-bas.' Yn *Yr Arwydd*, soniodd Elen Roger am ei dyled gerddorol iddo: 'Gofalai Mr Lloyd am amrywiaeth o gerddoriaeth ddiddorol i ni, yn cynnwys symudiadau o ddwy symffoni gan Haydn – y *Surprise* a'r *Clock*. Roedd dau o'r aelodau yn gantorion da a byddent yn canu darnau o'r *Messiah* i gyfeiliant y gerddorfa.'

y myfyrwyr – yn rhif 1 *Laura Place*, dros y ffordd i adeiladau'r Brifysgol, ac yn ôl pob sôn bu'r arbrawf yn llwyddiant mawr.

Rhaid ei bod hi'n arlwywraig wrth reddf. Pan oedd hi'n ferch ifanc yn Llanallgo ymunodd ei chwaer a hithau â'r *International Friendship League* – mudiad a sefydlwyd gan Vera Brittain (mam Shirley Williams, y gwleidydd) yn Peace-Haven yn Ne Lloegr i hybu cyfeillgarwch rhwng ieuenctid o wahanol wledydd a threfnu gwyliau tramor ar eu cyfer – a phan ddeuai grŵp o gryn 40 o dramorwyr i aros i gyffiniau Amlwch, Siarlot fyddai'n gyfrifol am yr arlwyo a'r coginio ar gyfer y criw i gyd. (Yn 1935 bu Elen Roger ar wyliau o'r fath yng ngwlad Belg.)

Yn ystod blynyddoedd Aberystwyth cyfarfu Siarlot â Dafydd Miles ac fe'u priodwyd yn 1943. Un o'r Rhondda oedd o, yn wreiddiol – a'i dad yn is-reolwr pwll glo

28. Ei chwaer, Siarlot
– 'Gloyw o wên fel goleu ha'.

– ond yng Nghaerffili y cafodd ei addysg. Bu'n Drefnydd yr Urdd ym Morgannwg, yn Drefnydd Cerdd yng Ngheredigion ac yn Drefnydd y Mudiad Senedd i Gymru. Ar wahân i Gymru a'r iaith Gymraeg, cerddoriaeth oedd ei gariad mawr yntau; roedd o'n offerynnwr a chyfansoddwr, a bu'n athro cerdd yn Ysgol Bro Ddyfi, Machynlleth. Wedi cyfnod yng Nghwmcynfelyn, yn 1946 symudodd y ddau i fyw i Blas Hendre, Aberystwyth – tŷ helaeth a thir o'i amgylch ar ben Allt Penglais ar y ffordd allan o'r dref am gyfeiriad Machynlleth. Mae Bethan, eu merch, yn dal i fyw yno heddiw. Ond cafodd y tad a'r fam ergyd enbyd pan fu farw eu mab talentog, Gruffydd, yn 29 oed, wedi damwain car. Fe'i claddwyd yn yr un bedd â'i daid a'i nain Angorfa ym mynwent dawel Llaneugrad ac wrth droed y bedd hwnnw mae yna lechen ac arni'r geiriau cynnil ond cofiadwy:

Dafydd Gruffydd Miles
gwladgarwr, cerddor
Medi 12, 1945 – Medi 29, 1974

29. Fel mam a modryb.
*O'r chwith i'r dde:* Wiliam Roger, Meri
Rhiannon a'u cefnder Gruffydd (Miles), 1947.

'Bu'n gyfnod o chwilio am oleuni newydd, a chydag amser ei gael', meddai Daniel Huws, yn ei goffâd iddi yn *Yr Angor*, papur bro Aberystwyth. 'Cafodd ei charedigrwydd fynegiant newydd trwy iddi droi yn grochenydd brwd.'

Wrth sgwrsio gyda Bethan am ei rhieni, cefais yr argraff i Blas Hendre fod yn gartref i lawer mwy na theulu o bedwar. Roedd o'n gartref a oedd yn noddi cerddoriaeth a'r celfyddydau yn gyffredinol ac mae'r dodrefn a geir yno heddiw yn dangos chwaeth a chariad at gelf a chrefft. Yn fwy na hynny, roedd o'n fan cyfarfod i rai a hyrwyddai gyfiawnder a rhyddid; cafodd gwrthwynebwyr cydwybodol groeso a lloches yno yn ystod blynyddoedd chwerwon yr Ail Ryfel Byd ac wedi hynny (roedd Siarlot a Dafydd Miles yn heddychwyr o argyhoeddiad); bu'n ail gartref i lu o fyfyrwyr a darlithwyr ifanc, yn arbennig rhai o dramor; yn nyddiau cynnar Plaid Cymru câi cenedlaetholwyr gefnogaeth a chroeso ar yr aelwyd a châi gweithgareddau Urdd Gobaith Cymru gefnogaeth hael a chyson gan y teulu. Gwyddai mudiadau lleiafrifol yn ogystal â nifer mawr o Gymry amlwg a dylanwadol am letygarwch eithriadol Plas Hendre.

Mae'r cyfan yn rhoi darlun i ni o Siarlot a sut yr ymatebodd hi i'w magwraeth ar y Marian. Ym marn Bethan, 'roedd hi'n fwy eangfrydig nag Anti Neli, serch fod y ddwy yn agos iawn at ei gilydd.' Fe ymddengys bod gweini ar eraill yn rhoi gwefr a phleser iddi. Pan ddaeth Thomas – ei hanner-brawd – allan o ysbyty ar Ynys Wyth wedi cyfnod o waeledd, Siarlot aeth yno i ofalu amdano, ac yn ystod dyddiau cynnar Hugh Griffith yn Llundain, ac yntau'n byw o'r llaw i'r genau, hi aeth yno i'w gefnogi a'i warchod.

Petai Siarlot a'i gŵr yn byw yn yr un fan ganrifoedd ynghynt, ac yn cynnal aelwyd a oedd mor agored ei chroeso, fe alla'i ddychmygu am Dafydd ap Gwilym – bardd a faged yn y fro honno – yn galw yno am gwrw ac enllyn gan nyddu cywydd i'w noddwyr yn dâl am eu nawdd. Fe wnaeth Gwenallt hynny:

> Un ddoniol o'r wreiddiola – da ei bord
> A'i bwyd o'r radd flaena,
> Gloyw o wên fel goleu ha,
> Mwyn o lais – Mona Lisa.

A phan fu farw Siarlot Miles, wedi gwaeledd byr, ar y dydd olaf ond un o Ragfyr 1993, fe ganodd Gareth Alban Davies, yntau, gerdd i foli'i chymeriad a chanmol y bwrdd a gadwai. Fe'i cyhoeddwyd yn *Barddas*:

30.  Yn yr haul ym Mhlas Hendre.
*Rhes flaen, o'r chwith i'r dde:* Gruffydd, Wiliam, Meri.
*Tu cefn:* Gwilym, Dafydd, Siarlot, Bethan ac Elen.

Siarlot Miles, Plashendre, Aberystwyth.
Er cof.

> Heno pobais dorth i'w chofio hi –
> gwenith gwynnaf Môn
> oedd bywyn ei bywyd:
> ysgafn fel ei llais a'i llaw,
> maethlon ei doethineb.
> A bob amser
> ceid Cymru a chymynrodd
> yn nhorri'r bara.
>
> Heno pobais dorth,
> yfory bydd newyn amdani.

[Roedd pobi bara, mae'n debyg, yn un o'i rhagoriaethau.]

Yn niwedd ei oes, cafodd Dafydd Miles waeledd hir a bu Siarlot a Bethan yn fawr eu gofal amdano. Bu farw ddiwedd Rhagfyr 1998.


THOMAS

Roedd Thomas, mab Mary Griffith a'r diweddar Thomas Owens, Capten y *Cambrian Prince*, yn glap chwech oed pan anwyd ei hanner-chwaer, Neli, a llystad iddo oedd William Griffith. Ond yn ôl yr 'atgofion', cafodd ei ystyried a'i drafod fel mab llawn ganddo ac roedd perthynas William Griffith ac yntau yn 'glos', 'yn fwy fel dau frawd na dim arall.' Ond cofnododd hi fawr ddim am blentyndod Thomas; wedi'r cwbl roedd o'n hogyn ar fynd i'r Cownti yn Llangefni pan oedd hi yn dechrau ar ei thaith yn Ysgol Llanallgo a'r plant iau, Siarlot a Hugh, fyddai'n cyd chwarae â hi ar y Marian.

Mae hi'n fwy na thebyg mai William Griffith a'i perswadiodd o ar ddiwedd ei gyfnod yn Ysgol Sir Llangefni i feddwl am y banc fel galwedigaeth. Ar ddiwedd y Rhyfel Byd Cyntaf, i rai oedd heb lwyddo i agor drysau i'r colegau neu i'r brifysgol, neu heb foddion i'w cynnal drwy flynyddoedd coleg, roedd bod yn fancer yn swydd barchus a fedrai bara am oes ac iddi gryn bosibiliadau i ddringo. Dylanwad oedd yn agor drysau'r banciau i hogiau ifanc yn y cyfnod hwn ac mae'n ddiamau fod gan William Griffith, fel Prif Glerc y Pwyllgor Addysg oedd â'i swyddfa yn Llangefni, rym felly at ei alwad petai ei angen. O leiaf, fe gafodd Thomas gychwyn ar ei yrfa yn Llangefni gyda'r gangen leol o Fanc y *National Provincial*. Ond mae'r hyn a ysgrifennwyd amdano gan ei hanner-chwaer yn dangos fod ganddo – dylanwad neu beidio – allu i lwyddo yn ei arholiadau. Cafodd ei symud gyntaf i gangen Bwcle yn Sir Fflint ac yna, ymhen amser, i gangen yn Lerpwl.

Dyna'r pryd y bu pryder mawr am ei iechyd. Un o afiechydon heintus y cyfnod oedd y diciâu ac mae'n debyg iddo ddal hwnnw. Meddai Elen Roger: 'Cofiaf mor bryderus a phoenus oedd fy chwaer a minnau yn ei gylch'. Am resymau personol dewisodd fynd i sanatoriwm yn Cowes, ar Ynys Wyth. Wedi cael adferiad iechyd

31. Thomas Owens, yr hynaf o'r plant.

penderfynodd aros am gyfnod ar yr ynys a chafodd waith yng nghangen Cowes o Fanc y *National Provincial*. Prynodd dŷ yno (dipyn o fenter yn y dyddiau wedi'r Rhyfel, hyd yn oed i fancer) a dyna pryd y daeth Siarlot i gadw tŷ iddo. Priododd Thomas â merch o Fôn – Madge, merch Hen Siop, Llangaffo. Roedd brawd iddi wedi bod yn gweithio yn yr un banc â Thomas yn Llangefni a'r ddau yn cydletya yn y dref. Gyda'r blynyddoedd, cawsant dri mab – Richard, John ac Einion – ac mae'r tri yn byw ar Ynys Môn.

Cyn bo hir cafodd ddychwelyd i Fôn. Fe'i penodwyd yn is-reolwr ei hen gangen yn Llangefni ac yn nes ymlaen fe ddaeth yn rheolwr y gangen honno. Thomas Owens oedd y Trysorydd pan ymwelodd yr Eisteddfod Genedlaethol â Llangefni yn 1957.

Serch y diciâu a'r sanatoriwm yn nyddiau ei ieuenctid, cafodd fyw i fod yn 91 oed. Erbyn hynny, roedd o wedi symud i fyw i Fronoleu, Heneglwys, ac yn eglwys blwyf Llangaffo y bu'r gwasanaeth angladdol. Nid anghofiodd Elen Roger ei garedigrwydd tuag ati pan oedd hi'n fyfyrwraig a chofnododd hynny yn ei 'hatgofion' amdano: 'Yn y cyfnod hwnnw [1926-27, dyweder] roeddwn wedi cychwyn ar fy nghwrs yn y Coleg Normal, Bangor, a chofiaf mor falch y byddwn o dderbyn ei lythyrau. Yn aml, byddai papur degswllt y tu mewn; dyna fi wedyn yn gallu fforddio mynd am bryd efo fy ffrindiau i gaffi Robert Roberts, oedd ar y stryd fawr yn agos i'r cloc.'

45

Yn yr un dosbarth â mi yn yr Ysgol Sir am beth amser yr oedd un ferch anffodus iawn. Byddai'n cael ffit yn bur aml, a byddai'n rhaid ei chario allan hyd nes deuai ati ei hun. Fel y gwaethygodd penderfynwyd ei chadw adref yn gyfan gwbl. Pan ddaeth meistres newydd i'r ysgol i ddysgu Saesneg, os yr wyf yn cofio'n iawn – merch ifanc ddigon diniwed ydoedd – yr oedd fy niddordeb mor brin mewn pethau Seisnig, yn enwedig Shakespeare – petaem wedi ceisio actio rhai o ddramâu Shakespeare er mwyn eu deall fe fyddai pethau'n wahanol mae'n siŵr – beth bynnag, fel y dywedais, yr oedd y dosbarthiadau mor sych a diflas fel y byddwn yn aml yn cymryd arnaf gael ffit, wedi gweld wrth gwrs pa mor effeithiol y gallai hynny fod. Byddai'r feistres druan yn dychryn wrth weld yr olwg ofnadwy fyddai ar fy wyneb. Byddai dau neu dri o'r bechgyn, yr un rhai bob tro wrth gwrs – yr oedd y peth wedi ei rihyrsio yn fanwl o flaen llaw – yn dod ataf, a minnau'n llewygu ar y llawr. Byddai un yn rhwbio fy nwylo, un arall fy nhraed ac un arall yn gwneud ymdrech fawr i gael rwler rhwng fy nannedd rhag i mi frathu fy nhafod. Wedi cael y rwler i mewn byddent yn fy nghar180 allan i'r awyr iach, a dyna'r lle byddem yn cael rhyw smôc fach slei hyd ddiwedd y dosbarth. Diwedd y gân honno oedd cweir annhrugarog dan law a chansen prifathro'r ysgol.

Hugh Griffith yn y sgwrs radio.

# HUGH

Os mai gydag anwyldeb mawr y cyfeiriai Neli at ei chwaer, Siarlot, gydag edmygedd yn ymylu ar addoliad y byddai hi'n sôn am ei brawd, Hugh, yr actor. Roedd ei lwyddiannau ym myd y theatr yn cynhesu'i chalon bob amser. Fel 'Hugh, fy mrawd,' y byddai hi'n cyfeirio ato gan gau'i llygaid yr un pryd i ddangos mor falch oedd hi ohono. Rwy'n siŵr braidd mai fel y 'brawd bach' - y 'brawd bach' lwyddodd i roi Marian-glas ar y map a dwyn enwogrwydd i deulu Angorfa – y byddai hi'n meddwl amdano gan amlaf. Wedi'r cwbl, pan anwyd Hugh Emrys yn 1912 roedd hi bron yn bedair. Mawr fu ei gofal bugeiliol amdano, mae'n debyg, pan oedden nhw'n blant ar y Marian ac o ran ei meddwl fe barhaodd hi i'w warchod gydol ei bywyd. 'Huwcyn oedd o yn ei golwg hi,' meddai Wiliam, ei mab, ac 'roedd ganddi agwedd famol tuag ato.' I gadarnhau hynny, roedd Bethan Miles yn awgrymu i mi fod yna fwy o berthynas brawd a chwaer rhwng Hugh Griffith a'i mam, Siarlot, nag oedd rhyngddo a Neli ac mai arall, o bosibl, oedd eu perthynas nhw'u dau.

Yr un math o fagwraeth gafodd Hugh Emrys â gweddill plant Angorfa – pwyslais ar addysg, ymuno ym mywyd cynnes y Marian a mynychu'r Baradwys gyda chysondeb – ond, o'r pedwar, y fo grwydrodd bellaf oddi wrth ei wreiddiau. Dechreuodd ar y crwydro'n ifanc. Yn 1922 daeth Urdd Gobaith Cymru i fod, sefydlwyd cangen yn Llanallgo a daeth Hugh yn aelod cynnar o'r mudiad gan fynychu'r gwersyll cyntaf un. Meddai ei chwaer, Neli: 'Cofiaf Huw yn ymfalchïo o gael ei wneud yn 'gadfridog', ffordd ryfedd gan yr Urdd o gydnabod llwyddiant denu aelodau newydd. Cofiaf yn dda hefyd y stŵr yn

Angorfa wrth baratoi pethau Huw ar gyfer mynd i wersyll cyntaf yr Urdd, ac am ei straeon doniol yn sôn am ei brofiadau yn y gwersyll cyntefig hwnnw.'

Fe wnaeth Elen Roger gryn sylw o fel bu i'w brawd ymuno â Chwmni Drama Capel Llanallgo, yn hogyn pymtheg oed, i actio Dici Bach Dwl yn nrama J. O. Francis – *Adar o'r Unlliw*. 'Mi fydda' i'n dal i ryfeddu,' meddai hi yn *Portread*, 'meddwl amdano fo'n gwneud y Dici Bach Dwl 'ma, a lle cyrhaeddodd wedyn ynte?'

Ond tueddu i wneud yn fach o'r profiad wnaeth Hugh Griffith yn ei sgwrs radio: 'Chwaraeais Thomas Bartley, os ydw' i'n cofio'n iawn, pan oeddwn yn Ysgol y Sir, Llangefni, ac mi fûm yn Ddici Bach Dwl unwaith gyda Chwmni Drama Capel Llanallgo. Wnes i ddim disgleirio o bell ffordd yn y cynhyrchion yma, a 'does gen i ddim cof o gwbl am feddwl bod yn actor.' Wrth gyfeirio at ei ddyddiau ysgol, mae o'n sôn llawer mwy am actio'r 'mwrddrwg, direidus, cellweirus' yn y dosbarthiadau ac wrth chwarae ar y Marian. 'Ro'dd Hugh yn *ring-leader* 'rioed,' meddai Beryl Jones, chwaer yng nghyfraith Elen Roger, ac un o'i gyfoedion.

Yn ôl erthygl flaen yn *Y Glorian* – papur bro Cefni a'r Cylch – wedi marw Hugh Griffith ym mis Mai 1980, ei dad a'i perswadiodd yntau i fynd i weithio i Fanc y *National Provincial*. Mynd i Brifysgol Cymru oedd bwriad Hugh ar y dechrau ond, yn ôl yr erthygl, 'fe'i gwrthodwyd am na allai lwyddo yn yr arholiadau Saesneg.' Rhyfedd meddwl!

Tynlon,
Moelfre, P.O.,
Anglesey.
11th April, 1929.

I have known Mr. Hugh Emrys Griffith, who is a member of my Church, since childhood, and have had every opportunity of knowing him well. He possesses a sterling character and any confidence placed in him will not be abused.

I can truthfully recommend him to any profession requiring the services of a steady, able, honest, conscientious and truthful young man.

(Arw.) R. R. JONES
Minister of the C.M. Church,
Llanallgo, Anglesey.

Llythyr cymeradwyaeth ei weinidog iddo pan oedd o ar ddechrau yn y banc.

Swydd symudol iawn oedd hi, a thros ychydig flynyddoedd bu'n gweithio mewn canghennau yn Llangefni, Llandudno, Yr Wyddgrug ac yna yn Abersoch. Bu'n actio mewn drama yn Yr Wyddgrug ond yn Abersoch ymunodd ag Aelwyd yr Urdd ac aeth ati i hyfforddi cwmni o bobl ifanc i berfformio drama o'r enw *Brown y Ditectif*. Yn ogystal, ymunodd â dosbarth nos o dan ofal R. Williams Parry a dechrau barddoni a llenydda. Dyna'r pryd y cyfansoddodd y delyneg 'Min y Môr'. Fe'i cymhellwyd gan y Prifardd i'w hanfon i Babell Awen y *Cymro* – y gweithdy o bwys i brentis o fardd yn y cyfnod hwnnw – a chafodd y delyneg olau dydd a Dewi Emrys, a ofalai am y Babell, yn rhoi cryn ganmoliaeth iddi. Yn ddiweddarach, cyfansoddwyd cerddoriaeth ar ei chyfer gan William Albert Williams, Lerpwl – un â'i nain yn byw ar y Marian – a bu'n ddarn gosod i'w ganu mewn eisteddfodau, yn cynnwys y Genedlaethol ac Eisteddfod Ryngwladol Llangollen. Gan i mi gael fy ngeni yn Abersoch a byw o fewn y plwy, mi glywais rai o'm teulu'n honni mai trwbadŵr ifanc yng ngwir wewyr serch gyfansoddodd y delyneg, ac fe fyddai rhai ohonynt yn enwi'r feinwen gafodd y gwahoddiad i fynd i draeth y 'Rabar i weld y lloer yn codi!

---

## MIN Y MÔR

A glywi di y tonnau
  Yn torri ar y traeth?
A weli di yr ewyn
  Yn llifo'n wyn fel llaeth?

Mae'n nosi'n dawel heno
  A phawb yng nghwsg o'r bron,
Tyrd hyd y traeth yn araf,
  Mae 'nghalon fach yn llon.

Mae'r lloer yn awr yn codi
  Dros erchwyn bell y lli
A gyr ei llwybr golau
  Yn union atom ni.

O na chawn fyw bob amser
  Fel hyn ar fin y lli
Yng nghwmni'r lloer a'r llwybr
  A thon y môr a thi.

Byddai'n llenydda'n ogystal. Cyhoeddodd ysgrif ddiddorol, flodeuog ei harddull ond un raenus mewn rhifyn o'r *Cymro* yn nechrau Ionawr 1937 o dan y pennawd: 'Tro Ym Mhen Llŷn gan Hugh Emrys Griffith'.

---

Fe ysgrifennodd cyfaill iddo, Richard Herbert – un o Laneilian yn wreiddiol a ddaeth yn rheolwr cangen Cricieth o Fanc y *National Provincial* – ysgrif goffa amdano yn yr *Holyhead and Anglesey Mail*, yn union wedi'i farw, yn egluro sut y llwyddodd Hugh i ddwyn perswâd ar un o benaethiaid y Banc i'w adleoli a'i drosglwyddo i Adran Cerddwyr yn y Brif Swyddfa yn Llundain. Erbyn hynny, roedd Hugh wedi'i danio ag awydd i fod yn actor proffesiynol. Roedd y pennaeth hwnnw – pwy bynnag oedd o – ar wyliau golffio yn Abersoch a Hugh ac yntau, un noson, yn gwlychu'u pigau yn y Clwb Golff a dyna pryd y clensiwyd y fargen. Cerdded fesul cam fu hi wedyn serch i'r camau hynny fod yn rhai breision ryfeddol.

32. Hugh Griffith yn lifrai'r milwr.

Fel clerc ar droed, byddai'n crwydro o fanc i fanc yn y bore, yn cael seibiant o awr neu ddwy yn y pnawn ac yna'n galw, eilwaith, yn yr un banciau, ar derfyn dydd, i gasglu'r ysbail a'i gludo i'r Brif Swyddfa. Drwy ddyfal donc llwyddodd i gael ei benodi i'r hyn a elwid yn West End Walk a chael cyfle, felly, i droi i mewn i'r sinemâu yn y pnawn i weld pa fath o ffilmiau oedd yn mynd â hi ac i astudio ymhellach y grefft o actio.

Ar ei ail ymgais – wedi derbyn hyfforddiant gan yr actor Clifford Evans, a oedd yn byw yn Ealing ar y pryd – enillodd Hugh Griffith ysgoloriaeth *Leverhulme* i'r *Royal Academy of Dramatic Art* a chael cyfle i adael y banc yn derfynol. Ymhen y flwyddyn, llwyddodd i ennill y fedal aur yno – Medal *Bancroft* fel y'i gelwid. Wedi gadael yr Academi bu'n actio mewn drama neu ddwy yn y West End cyn gwneud peth enw iddo'i hun wrth chwarae rhan clerigwr ifanc yn nrama lwyfan Rhys Davies – *Rhondda Round-about* – yn Theatr y Globe.

Ym Medi 1939 torrodd y rhyfel allan ac ymunodd Hugh Griffith, o'i wirfodd, â'r Ffiwsilwyr Brenhinol Cymreig. Treuliodd chwe blynedd oddi cartref, fel swyddog yn y fyddin – yn yr India a'r Dwyrain Pell yn bennaf. (Un o'r carcharorion y bu yn ei warchod oedd Nehru ac yntau ar y pryd yn ysgrifennu'i gyfrol – *Discovery of India*.) Dychwelodd o'r fyddin yn 1945 yn

49

wael ei iechyd, ei briodas gyda'r actores Flora Britain wedi mynd i'r gwellt, a threuliodd beth amser mewn ysbyty yn Roehampton. Yn ddiweddarach, ailbriododd gydag actores arall: merch o Awstralia o'r enw Gunde von Dechend.

Yn 1946 yr ymunodd Hugh Griffith â Chwmni Shakespeare yn Stratford-on-Avon a gwneud mwy o enw iddo'i hun. Apeliai dramâu Shakespeare yn fawr ato a thros y blynyddoedd portreadodd amryw o'r prif gymeriadau yn cynnwys Y Brenin Llŷr, Falstaff a John of Gaunt. I ddyfynnu o goffâd y *Times*: 'Though his bent was for savage comedy, he could be (as Stratford knew 16 years ago) an exceptional Falstaff, with a pair of very bright darting eyes in the face of an aged, hirsute eagle . . .' Wedi gwylio'i berfformiad fel Falstaff y canodd Rhydwen Williams iddo:

### HUW GRIFFITH
*(ar ôl ei berfformiad gwych fel Falstaff)*

> Huw Griffith, hen gawr hoffus –
> Arwr glân, llwyfan a llys.
> Sir Fôn yw'r sir a fynnai,
> Enwau'r tir ar bennau'r tai.
> Nid barrau heyrn ei deyrnas,
> Ei fri'n glod i'w Farian-glas.
> A moli y mae'r miloedd,
> Wrth drefn yr Iôr, actor oedd.

(O'r gyfrol: *Barddoniaeth Rhydwen Williams*, Llyfrau'r Dryw, 1965)

Gyda'r blynyddoedd, ymddangosodd mewn nifer mawr o ddramâu eraill megis *Back to Methuselah, The Man of Destiny, Look Homeward Angel, Poison Pen, Saloon Bar, The White Devil, The Waltz of the Toreadors* a *The Caucasian Chalk Circle* – i enwi rhai, yn unig.

Roedd gan Hugh Griffith fath o wyneb oedd yn benthyg ei hun i'r sgrîn a'r golwg agos. O 1940 ymlaen ymddangosodd mewn nifer o ffilmiau, ym Mhrydain a thros y môr, megis: *Neutral Port* (ei ffilm gyntaf) *Mutiny on the Bounty, Tom Jones, The Last Days of Dolwyn, A Run For Your Money, Lucky Jim, Wuthering Heights, Oliver* ac wrth gwrs *Ben Hur*. Un o'r ffilmiau olaf iddo ymddangos ynddi oedd *Grand Slam* – cynhyrchiad gan y B.B.C. yng Nghymru. Fel y daeth teledu i fri – cyfrwng arall yn gofyn am wyneb cofiadwy – bu'n actio mewn cyfresi fel *Treasure Island, The Walrus and the Carpenter* a *Clochemerle*.

Yn Efrog Newydd roedd o, pan gafodd o'i ddewis i actio'r gwerthwr

33. Hugh Griffith gyda Meredith Edwards yn 'A run for your money', 1949, ffilm stiwidios Ealing.

ceffylau hwnnw yn *Ben Hur* – ffilm a gostiodd 5 miliwn o ddoleri yn niwedd y pumdegau – ac ennill Oscar, fel yr actor cynorthwyol gorau. Hwyrach i'r fuddugoliaeth ddod â chymaint o lawenydd i'w chwaer, Neli, ag i'r actor ei hun! Meddai Hugh Griffith mewn cyfweliad â Paul Johnson yn y *Western Mail*, ym mis Mai 1979, gan swnio'n ddidaro braidd: *'I couldn't get to the ceremony, though, not on the off-chance, so the first I heard about it was when my sister in North Wales rang me to say she had heard it on the radio that I had won.'* Ond ddeugain mlynedd yn ddiweddarach wrth ffilmio *Portread*, fe lwyddodd Elen Roger i ail-fyw'r wefr: 'Rhywbeth mawr iawn wrth gwrs yn 'toedd? 'Doedd yr un Cymro yn siarad Cymraeg wedi'i hennill hi o'r blaen ac roedd 'na actorion mawr eraill ddim ond wedi eu henwebu – heb enwi neb – wedi eu henwebu ond heb gael yr Oscar. Ond os gwelsoch chi berfformiad Huw o'r Shîk yn *Ben Hur*, 'doedd dim syndod bod o wedi'i cha'l hi. Roedd o'n ddigon o ryfeddod . . .'

Wedi iddo fo gyrraedd y West End cymharol ychydig fu cyfraniad Hugh Griffith i fyd y ddrama yng Nghymru a llai fyth yn yr iaith Gymraeg. Eto, fel 'Welsh actor' y cyfeiriwyd ato mewn coffâd yn y *Telegraph*, 15 Mai 1980,

51

34.  Yn falch o'i brawd – Eisteddfod y Fflint, 1969.

ond cyfeiriad at ei waed Cymreig yn hytrach na'i gyfraniad drwy'r iaith Gymraeg oedd hwnnw. Bu canmol mawr iawn ar ei berfformiad o Dafydd, brawd Llywelyn, yn y ddrama *Ein Tywysog Olaf* yn ystod yr Eisteddfod Genedlaethol yn Ninbych yn 1939, ac wrth gwrs roedd ei bortread o'r Brenin Llŷr yn y Grand yn Abertawe, ddeng mlynedd yn ddiweddarach, yn cael ei gyfri'n glasur.

O dro i dro, bu Hugh Griffith yn beirniadu cystadlaethau drama yng Nghymru. Tynnodd nyth cacwn i'w ben wrth feirniadu'r dramâu yn yr Eisteddfod Genedlaethol ym Mae Colwyn yn 1947 a chlwyfo rhai o'i gyd-ynyswyr yn enbyd. Roedd Cwmni Drama Llangefni a'i gynhyrchiad o'r *Brodyr* gan John Gwilym Jones wedi'i ddewis i ymddangos yn y prawf terfynol. Wrth draddodi beirniadaeth – roedd yna ddau arall yn cydfeirniadu ag o – fe ddywedodd Hugh Griffith, heb flewyn ar dafod, fod y ddrama, fel ag yr oedd hi, yn gwbl anaddas ar gyfer llwyfan a 'doedd ganddo fawr ddim da, ychwaith, i'w ddweud am y perfformiad – serch i'r cwmni gael ei ddewis allan o ddeg i ymddangos yn ystod wythnos yr Eisteddfod.

Ond apelio roedd am godi safonau, o ran crefft sgwennu dramâu ac o ran eu cynhyrchu ac actio ynddynt. 'Ewch ati o ddifrif, os ydach chi am fynd ati o gwbl,' oedd ei gyngor unwaith, mewn sgwrs radio, 'Gwerthfawrogi'r Ddrama'. Ei fwriad oedd hyrwyddo'r syniad o gael theatr genedlaethol a phroffesiynol yng Nghymru, fel yn Lloegr, ond cafodd y rhai a weithiai dros y ddrama yn lleol – yn arbennig er mwyn diddori – eu brifo gan y sylwadau miniog. Gyda'r blynyddoedd, fodd bynnag, aeth beirniadaethau diwedd y pedwardegau'n angof ac yn 1965 fe'i hanrhydeddwyd gan Brifysgol Cymru â gradd Doethur mewn llenyddiaeth am ei gyfraniad nodedig i fyd y theatr.

Cartref yr actor yn nyddiau'i lwyddiant oedd yr Old Red Lion, hen dafarn o oes Elizabeth, yn Little Cherington ger Shipston-on-Stour yn swydd Warwick – tafarn lle roedd Shakespeare, yn ôl traddodiad, wedi cysgu noson. Caed llun hyfryd o'r hen dafarn yn rhifyn 2 Gorffennaf 1965 o'r *Holyhead and Anglesey Mail*, gydag ysgrif ddadlennol iawn am y tŷ a'i denantiaid gan Gwen Tomos. *'A massive oak door squeaked open. Out walked the most colourful figure of a man. Bearded, long-haired, draped in a brilliant blue smock, tight putty-coloured trousers and laced-up boots.'* Roedd y tŷ wedi'i ddodrefnu yr un mor chwaethus, a Hugh Griffith, mae'n amlwg, yn ei lordio hi fel y Sgweiar Western hwnnw a bortreadwyd ganddo mor

---

Digwyddais droi i weithdy'r saer ryw fore beth amser yn ôl. 'Roedd yr hen grefftwr medrus yn rhoi'r plaeniad olaf i arch nobl, ac wedi iddo ef a minnau geisio trafod y byd a'i helyntion a rhoi pethau dipyn yn eu lle felly, pwy ddaeth i mewn ond saer coed arall, a dyma i chi sut yr aeth y sgwrsio ymlaen wedyn:

"Diawch, William, 'rwyt ti wedi gwneud job go dda ar y bocsyn 'ma."

"Ia . . . ia, ydw John Huws," meddai yntau, gan dynnu ei law galed fedrus ar hyd y derw.

"Wyt yn wir, fachgen . . . gwell bocsyn na welais i erioed. Mi fydd yr hen Fargiad Ifans reit gyffyrddus yn hwn."

"Ia bydd, John Huws, ond rhyw greadures fodlon braf fuo hi ar hyd ei hoes ynte? Wyt ti'n cofio . . .?"

Ac aeth y dau ymlaen i sôn am ramant ieuenctid Margiad Ifans ac ardderchowgrwydd ei harch . . . Ond, dyna i chi grefftwr yn beirniadu gwaith crefftwr arall. Mae gennym ni yng Nghymru safon i'n crefftwaith o bob math, safon i'n prentisiaid anelu ato. Mae gennym safon o borfeydd, o gynhaeaf, ac o anifeiliaid pasgedig i'r ffermwr. Mae gennym safon o bregethu huawdl i'n pregethwyr, a safon o lenyddiaeth uchel i'n llenorion. Ond, ple mae ein safon i'r ddrama? Ia, pa le yn wir? Chwi lenorion, "Mae Abel eich brawd?" Beth fydd eich ateb Cain? 'Rwy'n credu'n siŵr ych bod yn esgeuluso crefft a chelfyddyd sydd yn perthyn yn agos iawn atoch.

Hugh Griffith mewn sgwrs radio a gyhoeddwyd yn *Môn.*

gredadwy yn y ffilm *Tom Jones*. '*I looked across their beautiful garden with its waterfalls and cider apple trees, over to the field beyond. There was Seren grazing contentedly, accompanied by two donkeys. "The donkeys? Of course they are mine. Jo and Jan. I have a donkey cart from Pembrokeshire, too. It's great fun driving along to the village with Jo between the shafts"* . . .' 'Doedd ei chwaer, Neli, wedi'i glywed yn galw'r bustych tua thref pan oedd hi ar wyliau yno, gyda'i 'Ty bôch! Ty bôch!', yn union fel y gwnâi Taid Ponc yr Efail, ac roedd hi'n bendant fod yr elfen ffermio a etifeddodd oddi wrth y taid hwnnw wedi bod yn gryn gymorth iddo i drin y ceffylau rheini yn *Ben Hur* ac ennill yr Oscar.

Yn wir, *The Squire is Foiled* oedd y pennawd yn y *Birmingham Post* un tro. Roedd yr un a alwai'r *Post* yn *'fiery character'*, sef Hugh Griffith, wedi sefyll fel ymgeisydd annibynnol, yn erbyn pump arall, am sedd ar y cyngor plwy yn Cherington ac wedi colli'r dydd. Ei fwriad, meddai wrth ohebydd y papur, oedd gwella goleuadau'r stryd yn Little Cherington, cael y cyngor sir i sythu dwy drofa a chodi neuadd newydd i gymryd lle neuadd goffa'r pentref a godwyd i gofio lladdedigion 1914-18. Gyda maniffesto beiddgar fel'na, yn nhawelwch a cheidwadaeth cefn gwlad, pa ryfedd iddo gael ei wrthod! Ond roedd ei wraig, Gunde, yn aelod o Gyngor Gwledig *Shipston* yn barod ac roedd yntau, yn ôl ei addefiad ei hun, yn aelod pybyr o Gyngor Eglwys y Plwy.

Fodd bynnag, cyn diwedd y saithdegau roedd yr hen dafarn wedi'i gwerthu (i Kenny Everett mae'n debyg) ac yntau a'i wraig yn byw mewn

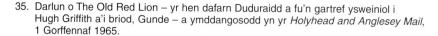

35.  Darlun o The Old Red Lion – yr hen dafarn Duduraidd a fu'n gartref ysweiniol i Hugh Griffith a'i briod, Gunde – a ymddangosodd yn yr *Holyhead and Anglesey Mail*, 1 Gorffennaf 1965.

36. Hugh Griffith a'i briod, Gunde, yn haul Positano.

fflat yn Llundain. Roedd y Rolls-Royce wedi mynd yn ogystal. Bymtheg mlynedd ynghynt, yn Chwefror 1965, yn ôl yr hyn ddywedodd o wrth Matt White o'r *Sunday Mirror*, roedd o newydd wrthod £4,000 am ddiwrnod o waith – yn actio dyn pwmp petrol mewn rhyw hysbyseb deledu neu'i gilydd – a chyfrifai ymhlith ei gyfeillion 'enwau' fel Rita Hayworth, Audrey Hepburn, Albert Finney, John Gielgud a Richard Burton.

Dros y blynyddoedd fe gasglodd Elen Roger doriadau o bapurau newydd a chylchgronau lle cyfeirid at ei brawd, a hynny o dan haul a chwmwl. Fe wyddai hi'n iawn mai traed o glai oedd iddo serch yr holl ganmol fu ar ei berfformiadau ar lwyfan ac mewn ffilm ond, hyd y gwn i, chlywodd fawr neb mohoni hi'n cydnabod hynny'n gyhoeddus. Bu'n ei wylio ar y llwyfannau droeon, yn Stratford a mannau eraill. 'Roedd fy ymweliad â Stratford ym 1951 yn un go arbennig,' meddai yn rhifyn Gaeaf 1994 o'r *Wawr*, 'Roedd cylch o ddramâu hanesyddol Shakespeare yn cael eu cyflwyno. Yn 'Henry IV', rhan un, a Huw yn chwarae rhan Owen

55

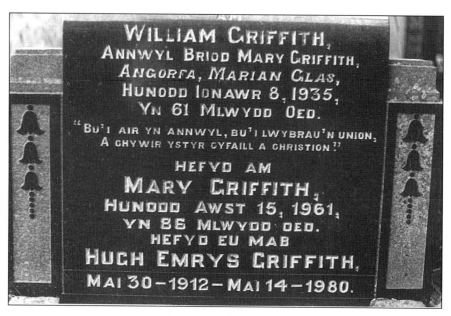

37. Bedd teulu Angorfa ym mynwent eglwys Llaneugrad.

Glendower, cafodd yr iaith Gymraeg ei chlywed o'r llwyfan am y tro cynta erioed.' Mae hi'n amlwg oddi wrth yr 'atgofion' mai y gweithiau clasurol oedd at ei dant ac at ei ran mewn dramâu o'r fath y mae hi'n cyfeirio yn ddieithriad. O'i holl berfformiadau, ac roedd yna gannoedd ohonyn nhw, ei bortread o *John O'Gaunt* yn 'Richard II' oedd yn sefyll allan yn ei barn hi. Mi fyddai hi'n aml yn dyfynnu sylwadau adolygydd a ddywedodd: *'He was like a fiery sunset behind Snowdonia'*. Ond pan gyfeiriai rhywun at ei ran yn *Grand Slam* – un o'i gyfraniadau olaf – ac yntau'n portreadu cefnogwr rygbi, brith ei foesau, yn simsanu'i ffordd i wylio Cymru'n chwarae ym Mharis, fe gaeai'i llygaid ac ysgwyd ei phen mewn tristwch a sibrwd, 'Twt, twt!'. Roedd ganddi gymaint o feddwl o'i brawd i gredu nad dyma awr fawr Hugh Griffith, yr actor Shakespearaidd. Diamau'i bod hi'n iawn.

Erbyn y diwedd, roedd ei iechyd yn dirywio. Cafodd ddamwain car go ddifrifol unwaith a sawl damwain ar y llwyfan. Roedd o'n smociwr di-baid a chyda'r blynyddoedd aeth y ddiod yn broblem iddo. At y diwedd collodd gyfleoedd i gael gwaith a hynny mae'n debyg am iddo fynd yn biwis ac anodd ei drin mewn sesiynau ymarfer ac ar adeg ffilmio. Dair blynedd cyn ei farw fe'i cymrwyd yn wael yng Nghaerdydd (ac yntau ar y pryd yn ffilmio *Grand Slam*) a threuliodd beth amser yn Ysbyty'r Brifysgol yno.

Bu Hugh Griffith farw 14 Mai 1980 bythefnos cyn cyrraedd ei ben-blwydd yn 68, wedi iddo fod yn wael am gryn ddwy flynedd. Roedd hi'n farwolaeth ddigon hanesyddol i'r *Telegraph* a'r *Times*, fel sawl papur newydd arall, gyhoeddi coffâd amdano. Meddai John Hefin Evans – y cyn-gynhyrchydd a chyfarwyddwr teledu – mewn llythyr: 'Angladd gwahanol iawn i'r cyffredin oedd angladd ei hannwyl frawd, Huw. Amlosgfa ddi-nod rhywle yn Llundain oedd y lleoliad, a ninnau'n alarwyr prin: Elen a'i theulu, brawd Richard Burton – Graham – Gwenlyn [Parry] a minnau. O ie, a un trempyn oedd wedi crwydro i mewn ac eistedd yn ei garpiau ar y sedd gefn; roedd strydoedd Llundain yn rhewi, a gymaint cynhesach oedd amlosgfa. Wrth i'r *Lord's Prayer* gael ei chyhoeddi, dyma'r twr bach ohonom yn ei throi'n Weddi'r Arglwydd; dyma Hugh Griffith yn troi'n Huw Gruffydd ac yn wir, os cofiaf yn iawn, dyma'r trempyn yn taro *Cwm Rhondda* yn berffaith.' Serch y marw ymhell, ym Môn, ym mynwent Llaneugrad, y mae'i fedd gydag un frawddeg sy'n datgan ei berthynas â'i rieni - 'Hefyd eu mab Hugh Emrys Griffith'.

Drwy'r blynyddoedd, roedd amryw o'i gyfeillion yng Nghymru yn awyddus i roi'r argraff nad oedd ei lwyddiant ar y llwyfan wedi newid dim arno. Cafodd gohebydd *Y Cymro* sgwrs ag o ym Mhlas Hendre yn Ebrill 1952, pan oedd yn cael seibiant byr wedi iddo fod yn actio yn y Merica: 'Yn wyneb yr holl anrhydedd a ddaeth i'w ran nid anghofiodd, serch hynny, y graig y naddwyd ef ohoni. Saif angor ei fywyd o hyd wrth gadernid y bywyd gwledig, goleuedig y magwyd ef ynddo.' (Hwyrach bod hynny'n fwy gwir yn nechrau'r pumdegau nag yn ddiweddarach.) Pan ddeuai ar ymweliad â'r hen Sir, fel y cofia'i nai, Wiliam Roger, 'aros yn y Trearddur Bay Hotel y bydda' fo a gwadd pawb yno i'w gyfarfod.' Un atyniad i'r lle oedd fod ei gefnder, Robin, yn cadw'r swyddfa bost yn y pentref a'r ddau, mae'n debyg, yn bennaf ffrindiau. Ond fe ychwanegodd ei nai ei fod o, serch pob rhemp, 'yn hollol gywir a dim rhagrith ar ei gyfyl.' A dyma'r nodyn a drawyd gan un oedd yn ei adnabod yn dda, Richard Herbert, yn y coffâd a gyhoeddwyd yn *Herald Môn*: 'Drwy'r cyfan, parhaodd yn hwyliog, yr un oedd Huw yn yr Austin 7 bach yn 1938 ac yn y Bentley a'r Rolls Royce ddeng mlynedd ar hugain yn ddiweddarach . . . Dyn theatr, dyn ffilmiau, dyn radio a rhaglenni teledu, crefftwr digyffelyb, ym myd a chelfyddyd esoterig yr actor; ond drwy'r cwbl ac wedi'r cwbl i gyd arhosodd yn Huw Angorfa, un o blant Sir Fôn, a Chymro diffuant, drwyddo-draw.'

Fel yr awgrymwyd, roedd Elen Roger yn barod bob amser i ganu salm o foliant i'w brawd ac yn eiddgar i'w warchod beth bynnag fyddai'r amgylchiadau. Ond – o gofio'i safonau hi – go brin iddi roi sêl ei bendith ar bob act o'i eiddo. Mae'n ddiamau i bortread y *Sunday Mirror* ohono, yn 'rhuo' am ddogn helaeth o frandi wedi'i gwymp yn yr Aldwych, neu'r

38. Hugh Griffith ar ymweliad â'r hen fro gyda'i M.G. crand.

disgrifiad agos-i'r-byw ohono yn colli dafnau o frandi dros ei sanau wrth siartio'i ffordd yn droetrwm rhwng bar a chadair, beri cryn loes iddi ond ni rannodd deimladau'i chalon â neb o bobl y goets fawr. A go brin fod pawb o'i gyfoedion mewn cymaint edmygedd ohono â Richard Herbert. 'Sgwn i oedd yna beth eiddigeddu preifat, tu ôl i'r llenni fel petai, o weld yr Austin yn tyfu'n Bentley ac yn Rolls, ac o weld y 'Sgweiar' yn bwrw'i ha bach Mihangel yn y Trearddur Bay Hotel yn hytrach nag mewn temprans, mwy dirwestol ei naws, ym Moelfre neu Benllech.

## JOHN

Cefnder i blant Angorfa oedd John Williams Hughes, Marian-glas, ond cefnder oedd cyn agosed â phetai o'n frawd. Jane, merch ieuengaf Ponc yr Efail, oedd ei fam. Roedd hi a'i gŵr, Capten Richard Hughes o Foelfre, yn byw yn Gwynfa, y tŷ arall a godwyd ar dir Ponc yr Efail – tŷ tebyg i Angorfa, ar gŵr y Marian ac yng ngolwg y môr. Oherwydd ei fod yn unig blentyn, a bod y ddau gartref mor agos i'w gilydd, cafodd ei gydfagu, mwy neu lai, gyda phlant Angorfa. Roedd o ddwy flynedd ac ychydig fisoedd yn hŷn na Neli ond hi oedd yr agosaf ato o ran oed.

Fel ei gefnder, Hugh, clerc mewn banc oedd yntau ar y dechrau. Gwasanaethodd gydag uned Ambiwlans yn Sbaen yn ystod y Rhyfel Cartref ac yn yr India a'r Dwyrain Canol yn ystod yr Ail Ryfel Byd, ond fel newyddiadurwr a darlithydd y daeth i amlygrwydd, gan roi enw Marian-glas ar y map mewn sawl gwlad. Meddai Cynolwyn Pugh amdano yn *Ei Ffanffer Ei Hun*: 'Y mae'n siŵr gennyf nad oes yr un Cymro yn fwy adnabyddus ym mhob rhan o'r Taleithiau Unedig na'r Newydd-iadurwr a'r Darlithydd prysur o Farian Glas, Sir Fôn. Ar y teliffon y clywais ei lais dwfn, cyfoethog, gyntaf oll. Roedd newydd gyrraedd New York ar long fechan o Abertawe, wedi bod ar y môr am bum wythnos!' Mae'n debyg mai yn 1928 oedd hynny a John Williams Hughes yn llanc ifanc ychydig dros ei ugain oed.

Llwyddodd i grwydro'r byd gydol ei oes gan wneud bywoliaeth, yn bennaf, o ddarlithio i wahanol gymdeithasau a newyddiadura ar ei liwt ei hun, ar sawl cyfandir – er mai yr India, mae'n debyg oedd ei hoff wlad. Roedd yn aelod brwd o'r Undeb Siarad Saesneg a'r gymdeithas

39. John Williams Hughes, Marian-glas – a'r byd.

40. Te bach ar bnawn o haf yn Rhuthun, gyda John ei chefnder (John Williams Hughes).

59

honno drefnai rai o'i deithiau darlithio. O gofio'i ysfa grwydrol, 'does ryfedd iddo, fel y cofnododd Elen Roger, ymuno â'r *I.F.L.* yn ystod un o'i deithiau cynnar a mynd ati i sefydlu cangen yn ardal y Marian. O dan ei arweiniad, rhentwyd ffermdy gwag, Madyn Dusw, yn agos i Amlwch, a threfnu gwyliau yno i bobl ifanc o Ffrainc, yr Almaen a Siapan. (Yn 1935 aeth ei gyfnither, Neli, am wyliau i wlad Belg o dan nawdd yr un mudiad.)

Bu'n ddarlledwr poblogaidd yn ogystal, yn fath o Alistair Cooke ar raddfa fach, ac roedd ganddo'r profiadau a'r llais i wneud ei sgyrsiau radio yn rhai diddorol. Cyhoeddodd gasgliad o erthyglau o dan y teitl *The Dangerous Years*, ac fe'i cyfrifid yn dipyn o arbenigwr ar bolisïau tramor yr Unol Daleithiau a byddai'n darlithio ar y pwnc. Yn ogystal, ymddiddorai mewn gwleidyddiaeth yma yng Nghymru a safodd ddwywaith mewn etholiadau cyffredinol fel yr Ymgeisydd Rhyddfrydol ym Môn. Cyfrannodd lu o erthyglau i *Herald Môn* a'r *Holyhead and Anglesey Mail* a bu'n gefnogol iawn i Eisteddfod Môn.

Wedi crwydro mor bell, bu John Williams Hughes farw yn Ysbyty Môn ac Arfon ym Mangor, 6 Mawrth 1977 ac mae ei fedd yntau yn agos iawn i un ei daid a'i nain Ponc yr Efail ym mynwent Llaneugrad. Pennawd tudalen flaen *Herald Môn*, ddeuddydd wedi'i farw, oedd: 'Diwedd y Daith i'r Crwydrwr o Fôn.'

# 4. Y PETHAU

## 'PRIODAS BOBLOGAIDD'

Fe drefnwyd priodas Elen a Gwilym Roger Jones ym Mharadwys. Roedd hynny'n llythrennol wir ond yn wir mewn ystyr ddyfnach yn ogystal.

Saith oed oedd Neli pan symudodd y Parch. R. R. Jones a'i deulu o'r Berffro i Foelfre. Fel y digwyddodd, roedd gan y Gweinidog newydd a'i briod fab, Gwilym, oedd bron yr un oed â hi. Mae lle i gredu i'r ddau deulu glosio at ei gilydd ar unwaith: y rhieni'n agos o ran oed, yn magu plant ac yn cofleidio gwerthoedd a diddordebau digon tebyg. (Llwyrymwrthod fyddai un peth y cytunent arno a bod yn selog drosto.) Fe alla'i ddychmygu fod cael gweinidog cyflogedig i'r eglwys, am y waith gyntaf fel hyn, wrth fodd calon teulu Angorfa. A phan sylweddolwyd fod y gweinidog hwnnw yn ŵr trefnus ac yn fugail a oedd yn eiddgar dros weithio gyda phlant ac ieuenctid roedd cwpan eu llawenydd yn llawnach fyth. Cyn pen y flwyddyn, yn haf 1916, dewiswyd William Griffith yn flaenor ym Mharadwys (ac yn ysgrifennydd yr eglwys yn nes ymlaen) a dyna reswm naturiol arall dros i'r cwlwm gael ei glymu'n dynnach fyth.

Bu Neli a Gwilym Roger yn gyfoedion gydol dyddiau ysgol. Fel yr adroddwyd, nhw oedd yr unig ddau o'u dosbarth i gael sefyll y *scholarship* ar gyfer addysg uwch a'u hanfon am hyfforddiant at wraig y Prifathro: 'Cofiaf yn glir y ddau ohonom yn cerdded drwy Marian-glas a Lôn-las; 'doeddem ni fawr o feddwl, bryd hynny, y deuem yn gariadon, a phriodi!' Ond fe gynhesodd pethau. Ddeng mlynedd yn ddiweddarach, yn nechrau'r tridegau, roedd hi newydd ei phenodi'n athrawes yn ei hen ysgol yn Llanallgo a Gwilym yn gweithio yn y banc ym Mangor ond yn bwrw'r Sul, o leiaf, gyda'i rieni ym Moelfre. Fel rhan o'r fwydlen at borthi'i braidd ym Mharadwys, fe drefnodd y Parch. R. R. Jones gyfarfod ar nos Wener wedi'i neilltuo yn arbennig ar gyfer pobl ifanc, iddyn nhw gael siawns i 'gymdeithasu' â'i gilydd. Mae hi'n awgrymu – ond yn hynod o sidêt – mai dyna'r 'awr a'r lle' y cyneuwyd y fflam: 'Cefais fwynhad mawr yn y cyfarfodydd yma, a daeth mab y Gweinidog – Gwilym Roger – a finnau'n dipyn o ffrindiau!' Penderfynodd y ddau ddyweddïo yn ystod gwyliau Nadolig 1936 ac fe'u priodwyd ym Mharadwys, Sadwrn y Pasg, 16 Ebrill 1938.

'Priodas Boblogaidd' oedd y pennawd yn Argraffiad Môn o'r *Herald*

41. Y briodas ym Mharadwys, gyda dwy forwyn a dau was!
*O'r chwith i'r dde:* Robin (brawd Gwilym), Siarlot, Gwilym Roger, Elen, Beryl (chwaer Gwilym), Hugh Griffith.

*Cymraeg a'r Genedl*. Ar y llaw arall, roedd gohebydd lleol y *Clorianydd* – gyda chryn ormodiaith mae'n ddiamau – yn ei hystyried yn briodas y flwyddyn os nad yn briodas y ganrif yn y fro: 'Mae'n debyg na welwyd erioed y fath fanerau'n chwifio yn ardaloedd Moelfre, Llanallgo a Marian Glas ag a welwyd dydd Sadwrn pan unwyd mewn priodas, yng nghapel Llanallgo, Miss Nellie Griffith, Angorfa, a Mr. Gwilym R. Jones, Tynlon.' Ac mae gohebydd yr *Herald* yn ychwanegu na `. . . welwyd y fath gynulleidfa mewn priodas yng nghapel Llanallgo ers llawer dydd, os erioed . . .' Yn yr 'atgofion', a ysgrifennwyd hanner can mlynedd a mwy yn ddiweddarach, roedd hi'n dal i gofio fel 'roedd rhywrai wedi rhoi briallu yn y cylchoedd dal cwpan cymun, yn seti'r gwahoddedigion' - ac o'i 'nabod hi, fe fyddai harddu syml felly, a'r dewis o flodyn, wedi'i chyffwrdd yn fawr – ac fel daeth 'lwmp i'w gwddw' pan welodd hi blant ei dosbarth yno, 'hefo'i gilydd yn agos i'r sêt fawr'. Ond roedd yno ofidio'n ogystal; chafodd y ddau dad – Y Parch. R. R. Jones a William Griffith – ddim byw i ymuno yn y llawenydd, a chan fod y ddau, Neli a Gwilym, yn addoli eu tadau, roedd eu habsenoldeb yn sicr o fod wedi pylu tipyn ar y paratoadau a'r gweithrediadau. Gweinidog newydd Paradwys, y Parch. Isaac Parry Griffith, weinyddodd y briodas, yn cael ei gynorthwyo, fel y gellid disgwyl, gan 'Mistyr Lloyd' - arweinydd Cerddorfa Môn. 'Sgwn i ddaeth o â'r bas-dwbl i'w ganlyn!

Fel y nododd yr *Herald*, 'yng nghartref Miss Griffith' y bu'r wledd briodas. Mae Elen Roger yn awgrymu mai hwylustod oedd tu ôl i hynny: 'Pan aeth fy mam i aros efo'i brodyr yn y Merica, cafodd syniad a wnaeth newid mawr yn Angorfa, sef taro wal i lawr a chael ystafell fawr helaeth. Yno, cawsom Frecwast Priodas – teulu a ffrindiau – gyda Siarlot [unwaith yn rhagor] wrth y llyw yn trefnu'r bwyd.' Roedd hwylustod yn un ffactor. Ar y llaw arall, go brin y byddai'r pâr ifanc, o gofio'u hargyhoeddiadau, na'u teuluoedd o bobtu, yn hapus i gynnal y wledd mewn gwesty trwyddedig. P'run bynnag, dyna oedd yr arfer cymdeithasol ar y pryd – mewn cyfnod difwsog – a 'doedd dim yn anarferol mewn cynnal y neithior yng nghartref y briodferch. Mae'r adroddiadau yn y papurau lleol yn cofnodi enwau'r gwahoddedigion yn ogystal, ac mae'n amlwg fod cynifer â 30 wedi eistedd wrth y byrddau y pnawn hwnnw. 'Caed cwmnïaeth hapus,' yn ôl y gohebyddion i'r *Clorianydd* a'r *Herald* (hwyrach mai'r un un a anfonodd y ddau hanes i'r wasg, wedi aralleirio peth arnynt) 'a datgan dymuniadau da gan y gwesteion, a darllen llu o weiyr wedi eu gyrru oddi ar dir a môr, ac ateb pert a calonnog gan y pâr ifanc.' Un o'r rhai a ddarllenai'r 'llu o weiyr' oedd Hugh Griffith – roedd y papurau lleol eisoes yn cysylltu'i enw â'r *West End* – ac mae'n ddiamau iddo wneud y gwaith hwnnw gyda chryn ddrama, fel y gellid disgwyl. Fe wnaeth gryn argraff ar ei chwaer beth bynnag: 'Syndod o beth oedd y cyd- ddigwyddiad canlynol – Huw yn codi i siarad, wedi'r pryd, ac yn dyfynnu o waith William Blake:

> *Joy and woe are woven twine, a clothing for the soul divine,*
> *And if this we rightly know, safely through the world we go.*

Yna, ninnau yn ystod ein mis mêl [yng Nghaerdydd, mae'n debyg], yn digwydd mynd i weld y ddrama *I have been here before*, gan J. B. Priestley, a chlywed yr union eiriau'n cael eu dyfynnu gan un o'r cymeriadau.'

Ond mae gohebydd y *Clorianydd* yn mynegi un gofid arall, sef y byddai'r ddau, wedi'r briodas, yn gadael y Marian: 'Chwith fydd colli dau mor ddefnyddiol a gweithgar o'n hardal.' Awgryma'r 'atgofion' mai gwybod fod Gwilym yn cael ei 'symud o Fangor i Rhuthun' oedd wedi prysuro'r briodas. Mae hi'n amlwg i'r ddau fod yn bobl ifanc weithgar iawn ym Moelfre a'r Marian ac y byddai bwlch ar eu holau. Y gwir ydi i'r ddau ddyblu gweithgarwch wedi hynny a bod yn galon sawl ardal ar hyd a lled y Gogledd. Bu'r ddau fyw yn gytûn ryfeddol nes datod y cwlwm wnaed ym Mharadwys pan fu farw Gwilym – a hynny ychydig wythnosau'n unig – cyn i'r briodas droi'n briodas aur mewn gwirionedd.

## GWILYM ROGER JONES

Bancer yn perthyn i oes fwy hamddenol a llai cystadleuol na heddiw oedd Gwilym Roger. Ar ddydd ei angladd – 10 Chwefror 1988 – fe'i disgrifiwyd fel bancer wrth ei alwedigaeth ond nid, o angenrheidrwydd, 'wrth reddf'. Nid nad oedd ganddo'r gallu a'r diddordeb i drin arian gyda gofal a medrusrwydd, a'i fod yn ddestlus a chyfrifol gyda'i waith, ond fod ganddo ddiddordebau llawer ehangach a'i fod yn mynnu hamdden i ymddiddori yn y byd oedd tu allan i'r banc. Hwyrach mai dan berswâd yr aeth yntau i weithio i Fanc y *Midland* – fel ei frawd iau, Robin. Wedi gweithio mewn nifer o ganghennau ledled y Gogledd, yn 1957 fe'i penodwyd yn rheolwr

42. Gwilym Roger, 'dyn banc', yn Rhuthun, tua 1946.

cangen Abersoch o Fanc y *Midland*. Yna, yn 1960, cafodd gyfle i symud yn ôl i'w hen sir, i Amlwch, yn rheolwr cangen fwy.

Fel rheolwr roedd o'n ymddangos yn un hawdd iawn gweithio iddo. Yn y pumdegau, roedd John Wynne Humphreys – Caernarfon erbyn hyn – yn dechrau ar ei yrfa ac yn gweithio yn y gangen yn Abersoch yn un o ddau – dim ond y rheolwr ac yntau. Fe gofia am Gwilym Roger fel un hynod o hamddenol, yn barod iawn i ymddiried cyfrifoldeb iddo, yn 'rhadlon' wrth natur a'i werthoedd yn rhai cadarn. Mae o'n dal i gofio agor drôr ar ei fore cyntaf a gweld aralleiriad o gwpled o waith T. H. Parry-Williams, allan o'r gerdd 'Yr Esgyrn Hyn', wedi'i binio i waelod y drôr honno:

> Beth ydwyt ti a minnau frawd,
> Dim ond siwt o *Burtons* am swp o gnawd.

Mae is-deitl y gerdd wreiddiol yn nodi mai 'Ffansi'r funud' oedd y cyfan i'r bardd ond i fancer ifanc hwyrach ei bod hi'n athroniaeth, o'i chredu, fyddai'n help i gadw'i draed ar y ddaear. Wedi i'r cynhaeaf ymwelwyr gilio, tua glan gaea', roedd Abersoch yn lle digyffro ddigon, yn ddigon diddigwydd i'r rheolwr – unwaith roedd y banc wedi'i agor – fedru picio â'i ddau gorgi i wynt y môr cyn i'r gwaith brysuro. Bu Eirlys Houghton o

Lanfechell, Môn, yn gweithio i Gwilym Roger yng nghangen Amlwch am 7 mlynedd ac meddai mewn llythyr: 'Chlywais i erioed mohono yn codi'i lais ar y staff a gweithiem yn gytûn bob amser'. Roedd hi'n amlwg ei fod yntau (a'i briod) wedi deall fod bancwyr – yn y cyfnod hwnnw o leiaf – fel byddin arfog, yn martsio'n gadarnach ar stumogau llawn. 'Ar ddiwedd hanner blwyddyn, pan fyddai'n rhaid balansio, byddai Mrs Roger Jones yn gwneud gwledd inni cyn i'r gwaith mawr gael ei ddechrau – *strawberries and cream* yn yr haf bob amser.'

Ddaru Gwilym Roger erioed anghofio ei fod o'n 'fab y mans' - a defnyddio hen drawiad sy' wedi mynd o ffasiwn. 'Roedd gan Gwilym feddwl mawr iawn o'i dad,' meddai Beryl, ei chwaer. Nid fod ganddo lai o feddwl o'i fam. O ochr ei fam y daeth iddo'r pedigri Methodistaidd roedd o'n falch ryfeddol ohono. Fel y nodwyd, mab i chwarelwr cyffredin oedd ei dad, ond roedd ei fam, Mary, yn ferch Glantrywderyn, Bala a'i thad, W. E. Jones, yn gweithio i Fanc y Midland yn y dref ac yn flaenor amlwg yng Nghapel Tegid. Roedd ei mam yn berthynas agos i'r Athro Parchedig Ellis Edwards, M.A., Bala.' Serch ei ysgolheictod a'i gyfraniad, mab i dad enwocach fyth oedd Ellis Edwards. Roedd ei dad, y Parch. Roger Edwards, Yr Wyddgrug, yn un o benseiri Methodistiaeth canol y bedwaredd ganrif ar bymtheg, yn un a agorodd y ffordd i'r nofel Gymraeg, ac yn ôl Isaac Foulkes, 'y mwyaf ei ddylanwad ar Daniel Owen yn llenyddol, moesol a chrefyddol . . .'

Os mai ei briod a flaenorai yn y gymdeithas oddi allan, Gwilym Roger a ddaeth yn flaenor yn rhai o'r eglwysi y buont yn eu mynychu ond hwyrach mai confensiwn y cyfnod oedd yn gyfrifol am hynny. Ond roedd Gwilym Roger yn ddyn capel. Bu'n flaenor ymhob capel lle bu'n ddigon hir i'r rhwyd gael ei thaflu allan – Bethania, Rhuthun; Bethesda, Amlwch ac wrth gwrs Paradwys, Llanallgo am y pymtheng mlynedd olaf o'i oes. Ond roedd o'n ddyn enwad yn ogystal, yn arbennig felly wedi iddo ymddeol – yn Brif Ystadegydd Cymanfa Gyffredinol Eglwys Bresbyteraidd Cymru ac yn Gadeirydd Pwyllgor Pensiynau a Grantiau ei enwad am gyfnod. Ond nid sefydliadwr a gŵr y *status quo* oedd o, o bell ffordd. Gallai fynegi barn a oedd yn groes i farn y mwyafrif ac yn ei ddiwinyddiaeth roedd o'n weddol radical – fel y gweddai, hwyrach, i un a oedd yn ddisgynnydd i Roger Edwards! Fe'i disgrifiwyd yn *Herald Môn*, wedi'i farwolaeth, fel 'siaradwr cyhoeddus o gryn fetel' - a'r gair 'metel', mae'n debyg, wedi'i ddewis gyda gofal.

Serch iddo grwydro gyda'i waith a bod o dan orfod i symud ardal sawl tro, dyn milltir sgwâr oedd o ar lawer cyfri, dyn ei deulu, yn hapus iawn yn trin coed yn ei weithdy neu'n trin blodau yn yr ardd a'r tŷ gwydr; yn ei

43. Gwilym Roger yn bedwar ugain, 30 Mehefin 1987, gyda'i deulu:
Wini (merch-yng-nghyfraith), Wiliam, Meri, Elen Roger a Richard (mab-yng-nghyfraith).

Yn ystod ein mis mêl, aethom hefyd draw i Frynmawr (Sir Fynwy) i ymweld â Gweithdy Dodrefn go arbennig, sef Gweithdy Gwalia, ar ôl i mi weld arddangosfa a dynnodd fy sylw yn yr Eisteddfod Genedlaethol yng Nghaernarfon ym 1935. Rhan o arbrawf oedd y Gweithdy, i ddod â gobaith a bywyd newydd i ardal a ddioddefodd gyni enbyd yn dilyn streic y glowyr yn 1921 a'r streic gyffredinol ym 1926. Cymdeithas y Crynwyr oedd wedi symbylu'r arbrawf, gyda Peter Scott a George M. Ll. Davies yn chwarae rhan amlwg. Roedd Gwilym yn llawn edmygedd o'r dodrefn. Roedd o, fel ei dad, y Parchedig R. R. Jones, a'i frawd Robin yn cael llawer o bleser wrth drin coed, a gallai

werthfawrogi gwneuthuriad graenus y dodrefn, a sylweddoli mor bwrpasol oedd pob darn. Teimlais innau eu bod yn addurn ac yn wledd i'r llygad yn ogystal â bod yn ddefnyddiol. Dyma fynd ati felly i archebu dodrefn, gan gynnwys gwelyau, Ond aeth wythnosau heibio cyn i ni gael tŷ i'n siwtio, a bod yn barod i dderbyn y dodrefn. Erbyn hyn cawsant eu symud droeon i wahanol ardaloedd, ond mae dodrefn Brynmawr yn ennyn edmygedd bob amser.

Allan o'i 'hatgofion'. Roedd hyn, mae'n debyg, yn union wedi iddyn nhw briodi a chyn iddyn nhw symud i'w cartref cyntaf yn Rhuthun.

thraed hi roedd yr ysfa grwydro. (O'i weld a'i adnabod mewn dyddiau diweddarach, roedd hi'n anodd credu iddo fod yn sgwadron-bennaeth yn y Llu Awyr yn nyddiau'r rhyfel ond fyddai hynny byth yn destun sgwrs iddo.) Apeliai celfyddyd at y ddau ohonyn nhw, fel ei gilydd, ond Gwilym Roger mae'n debyg oedd yr un ymarferol.

'Daeth cwmwl dros yr Wylfa ddiwedd 1987,' meddai Elen Roger. 'Clafychodd Gwilym a bu raid iddo dreulio cyfnodau yn Ysbyty Gwynedd. Ond gartref gyda ni fel teulu yn gofalu amdano y gadawodd Gwilym ni, yn dawel, ar Chwefror 6ed 1988. Nid oedd gofal cyson teulu, a'u caredigrwydd hwy a ffrindiau yn ddigon i lenwi'r gwacter mawr a adawyd.'

I ŵr a gâi bleser mawr wrth drin coed a chymaint pleser o dyfu blodau mihangel roedd colli'i olwg, cyn diwedd y daith, yn loes iddo. Fel y gellid disgwyl, cafodd drafferth i ddygymod â'r anabledd ond, yn ôl rhai o'i ffrindiau, llwyddodd i ddal ati drwy'r cyfan. Yn ei Destament Cymraeg ysgrifennodd aralleiriad o adnod Saesneg gyfarwydd: *'I have learned to find resources in myself whatever my circumstances.'* 'Gŵr crwn oedd Gwilym Roger Jones,' meddai gohebydd *Herald Môn*, wrth gofnodi hanes ei angladd, `... yn was ffyddlon a thrylwyr i'w gymdeithas a'i enwad, yn ŵr a thad cefnogol i'w deulu.' Mewn sgwrs, fe ddwedodd ei fab, Wiliam Roger, mai dylanwad tawel ei dad sydd wedi aros gydag o, ac roedd ei ferch, Meri Rhiannon, yn fwy na pharod i ganmol ei ofal a'i gefnogaeth.

### 'FEL ATHRAWES YN BENNAF YR YDW I'N YSTYRIED FY HUN'

'Ond mi fyddwn i'n gwneud cam â'r gwir,' meddai Elen Roger yn *Portread*, "taswn i ddim yn pwysleisio mai fel athrawes yn bennaf yr ydw' i'n ystyried fy hun.' Rhaid pwysleisio mai athrawes oedd hi wrth ei chrefft ac mai diddordeb a dyfodd yn alwedigaeth mewn blynyddoedd diweddarach oedd actio mewn ffilm ac ar lwyfan.

Yn fuan wedi llwyddo i ennill y dystysgrif uwch, yr hen *'Senior'* fel y'i gelwid hi ar y pryd, fe benderfynodd Elen Roger mai athrawes ysgol elfennol a hoffai fod – yn union fel 'Swilias', a gafodd gymaint dylanwad arni'n blentyn – a gwnaeth gais i ddilyn cwrs dwy flynedd yn y Coleg Normal ym Mangor. Diau iddi ymgynghori â'i thad ar y mater, ac fel Prif Glerc y Pwyllgor Addysg fe wyddai hwnnw am faint yr angen am athrawon a pha fath o ddyfodol fyddai ar ei chyfer. Y drefn bryd hynny oedd treulio blwyddyn fel disgybl-athrawes cyn mynd i goleg – i gael peth hyfforddiant ymarferol ac i brofi'r dŵr, fel petai, rhag ofn mynd i ddyfroedd dyfnach yn nes ymlaen. Bu'n ddigon ffodus i gael lle yn ei hen ysgol yn Llanallgo. Wedi'r cwbl, yn ôl yr hyn awgrymodd Hugh Griffith yn ei sgwrs radio, roedd Edwards y 'Sgŵl' a'i thad yn eithaf llawiau – serch y Saesneg a

44. Neuadd Alun, y Coleg Normal, 1927-8.
    Elen Roger y gyntaf ar y chwith, yn eistedd ar gadair.

frithai'r sgwrs – a hwyrach i hynny fod yn gymorth i agor y drws iddi gael lle yn ei hen ysgol. Yn ystod y flwyddyn honno penderfynodd gymhwyso'i hun i fod yn athrawes yn adran y babanod a chyda'r bwriad hwnnw mewn golwg y gadawodd hi glydwch Angorfa am ddieithrwch Bangor ym mis Medi 1926 a 'theimlo'n bur hiraethus am gyfnod'.

Fel gyda'i dyddiau yn yr Ysgol Sir, cymharol ychydig a gofnododd am y ddwy flynedd a dreuliodd hi yn y Coleg Normal. 'Does yna ddim prawf iddi ddisgleirio naill ai ym mywyd cyhoeddus y coleg nac ychwaith ar yr ochr academaidd a 'does ganddi hi ddim straeon am rialtwch a ffolinebau myfyrwyr ei chyfnod – ac mae'n ddiamau fod hynny ar y cwricwlwm i fyfyrwyr yn niwedd y dauddegau, fel erioed. Ond mae'n cofio mor ffodus oedd hi, o gymharu â nifer o'r myfyrwyr, 'o fod o fewn cyrraedd cael mynd adref ambell Sul.' Unwaith eto, 'dydi hi ddim yn nodi pwy oedd ei ffrindiau agosaf o blith y myfyrwyr, dim ond cyfeirio at gyfeillgarwch cyffredinol: 'Roedd rhyw gynhesrwydd yng nghymeriad merched o'r De a barodd i mi glosio atynt, a buont ymysg fy ffrindiau gorau yn y Coleg.'

Cymharol ychydig, hefyd, soniodd hi yn ei 'hatgofion' am yr addysg a'r hyfforddiant a dderbyniodd hi ond mae ganddi frawddeg neu ddwy am rai o'r athrawon: 'Un o Awstria oedd Miss Young, pennaeth yr Adran Dysgu babanod. Credai'n gryf yn null Dr Montessori, lle rhoir llawer o bwys ar y synhwyrau mewn dysgu – hoffais hynny.' 'Ni fyddai'r Prifathro Harris [David Robert Harris a fu'n brifathro'r coleg o 1905 hyd 1933] yn siarad Cymraeg â ni, ond roedd gennym lawer o barch tuag ato.' Ond fel gyda sawl to o fyfyrwyr y Coleg Normal, Ambrose Bebb a gafodd y dylanwad pennaf arni. Meddai: 'Roedd Saesneg ac Addysg yn bynciau gorfodol; yn naturiol, roedd y Gymraeg yn un o'm dewis bynciau, a bûm yn ffodus iawn o gael Ambrose Bebb yn ddarlithydd; cymeriad deniadol a brwdfrydig. Cofiaf yn arbennig ef yn cyflwyno'r Mabinogi, ac yn dod â chyfoeth ein llenyddiaeth gynnar yn fyw iawn.' Pan gyrhaeddodd Elen Roger i Fangor yn 1926, darlithydd ifanc oedd 'Ambi' - fel y cyfeirid ato gydag anwyldeb gan do ar ôl to o fyfyrwyr – newydd droi deg ar hugain oed ac yn ddibriod. Fel sawl myfyriwr o'r cyfnod, a angorai'i hun wrth oedfa ac ysgol Sul wedi gadael cartref, ymunodd Elen Roger â dosbarth ysgol Sul Ambrose Bebb yng nghapel Twrgwyn a chyfri hynny'n addysg ac yn 'brofiad'.

Mae hi'n cwyno am reolau'r coleg ond yn gwneud hynny'n gynnil fel un a blygodd i drefn y gaethglud, heb ddangos unrhyw wrthryfel ymarferol: 'Roedd rheolau'r coleg yn rhai caeth iawn. Y drefn oedd, wedi'r pryd chwech, gweithio yn ein hystafelloedd tan wyth o'r gloch, yna cymdeithasu tu mewn i'r hostel. Caem bedair noson allan mewn tymor! Golygai hynny aros allan tan ddeg o'r gloch, ar ôl rhoi'r manylion.'

45. Côr Merched y Coleg Normal, Eisteddfod 1928.
    Elen Roger y drydedd ar y chwith yn y rhes ganol.

'Does yna ddim sôn iddi gymryd rhan mewn drama yn ystod ei chyfnod yn y coleg ond roedd canu yn ddiddordeb byw iddi. Ymunodd â Chlwb Cerdd y Brifysgol ac â Chymdeithas Gorawl y Coleg a fyddai'n cyfarfod unwaith yr wythnos: 'Cofiaf am Ceridwen Lloyd Davies yn arwain y Côr gyda rhyw afiaith arbennig. Mae dau ddarn yn sefyll allan yn y cof – *Cantata Tubal Cain*, gan Thomas Dunhill a *Hymn to the Almighty* gan Schubert.' Ac roedd yna eisin ar ben y deisen honno, yn ogystal: 'Braidd yn gyfyngedig oedd y cyfle i'r merched a'r dynion gymysgu . . . ond byddem gyda'n gilydd yn y Gymdeithas Gorawl, unwaith yr wythnos.'

Wedi sefyll yr arholiad terfynol, a llwyddo, cafodd y ferch ifanc ugain oed wybod fod swydd ar gael iddi ar ei hoff Ynys. Yn niwedd y dauddegau, nid dyna fu ffawd pob darpar-athrawes neu ddarpar-athro ar derfyn y cwrs. Mudo i Slough neu Solihull, i Bootle neu i Bermondsey fu ffawd nifer mawr ohonynt. O dan law William Griffith, ei thad, y daeth y llythyr swyddogol yn ei hysbysu o'r newydd da ond ni chredaf iddi dderbyn unrhyw ffafriaeth: 'Roedd tua pymtheg ohonom o Fôn yn gorffen y cwrs yr un pryd a bu'n rhyddhad mawr deall fod swyddi yn ein haros ar yr Ynys.' Athrawes ysgol ar ddaear Môn fu hi wedyn am bron i ddeng mlynedd, hyd nes iddi briodi.

Am y flwyddyn gyntaf bu'n beicio'n ddyddiol, drwy law a hindda, taith o tua tair milltir un ffordd – i Ysgol Llanbedrgoch a chafodd 'flwyddyn hapus iawn yno' gyda dosbarth o blant saith i ddeg oed. Meddai, dros drigain mlynedd yn ddiweddarach: 'Rwy'n dal i gymryd diddordeb yn yr ysgol wledig hapus honno, a llawenydd i mi yw eu llwyddiant yng nghystadlaethau Eisteddfod yr Urdd.' Ddechrau Awst y flwyddyn ganlynol daeth llythyr arall i 'Miss Nellie Griffith, Angorfa, Marian Glas' oddi wrth 'William Griffith, *Secretary of Education*', o'r '*Education Offices*' yn Llangefni, yn ei hysbysu fel y bu i'w Bwyllgor benderfynu'i throsglwyddo i Ysgol Elfennol Amlwch i ddysgu plant naw i ddeg oed ond gyda graddfa cyflog a fyddai beth yn uwch. Er nad oedd Amlwch fawr mwy na saith milltir o Farian-glas roedd hynny'n golygu gadael cartref unwaith eto a lletya yn ystod yr wythnos yn Amlwch. Ond yng Ngorffennaf 1930, fe anfonodd William Griffith lythyr swyddogol arall at ei ferch gyda newydd a ddaeth â llawenydd mawr i'w chalon: '*Dear Madam, The education Committee have decided to transfer you to the Llanallgo C. School, where you will take charge of the Infants, as from the date upon which the schools re-open after Midsummer Holidays, Yours faithfully . . .*'

Roedd 'cael byw adra, a gofalu am blant ieuengaf yr ysgol – gan mai dyma'r cwrs a ddilynais yn y coleg' yn union at ei dant. Fel roedd hi'n dychwelyd i'w hen ysgol roedd W. R. Edwards, yr 'Hen Sgŵl', yn ymddeol ac o ddarllen rhwng llinellau'i 'hatgofion' fe dybiwn i fod hynny'n fymryn o ryddhad iddi. W. Trefor Owen, un o'r athrawon, ddyrchafwyd yn brifathro newydd. (Roedd o'n gefnder i'r bardd Cynan a fo oedd y 'Wil' yn y gerdd 'Anfon y Nico'.) Ei hen athrawes, Mary Roberts, oedd yr un arall ar staff yr ysgol ac mae Elen Roger yn sôn am 'gyfnod o gydweithio hapus rhyngom ein tri, ac o gyfeillgarwch cynnes.' Yn y cyfnod yma, un o'r disgyblion disgleiriaf i fynd drwy'i dwylo, mae'n debyg, oedd John Henry: y Dr John Henry Jones, Caerdydd erbyn hyn, gŵr a gipiodd brif wobrau Coleg Meddygol Cymru yn ei ddydd. Meddai mewn llythyr ataf, 'Ni allaf ddweud fawr ddim amdani fel athrawes [yn anffodus i mi] gan ei bod wedi ymadael ymhell cyn i mi fod yn ddigon hen i ddwyn barn – yr unig beth rwy'n gofio yw ei hymdrech (aflwyddiannus) i ddysgu sol-ffa i mi, a'r casgliad at gael anrheg briodas iddi . . .'

Wedi'i phriodas â Gwilym Roger, a hithau ar gyrraedd ei deg ar hugain

46. Athrawes yn ei hen ysgol yn Llanallgo, 1937.
*Rhes gefn, o'r chwith i'r dde:* Miss Ellen Griffith (Elen Roger) athrawes, Glyn Jones, Harry Jones, Owen Glyn Jones, Jabas Francis, Tomi Hughes.
*Ail res:* William John Evans, Mary Roberts, Angharad Williams, Mairwen Roberts, Dilys Hughes, Helen James, Margaret Owen, Rhoda Hughes, Ceri Owen, Edward Parry.
*Yn eistedd:* Eira Jones, Catherine Davies, Catherine Price, Margaret Jones, Jean Jones, Betty Parry, ———.
*Yn eistedd ar y llawr:* John Hewitt, Aled Williams, David Evans, Richard Jones, Huw Meirion Williams, Tomi Jones, J. Henry Jones (Dr. John Henry Jones, Caerdydd).

47. Gyda'r plant a staff ysgol Llanarmon-yn-Iâl, Mai 1953.
*Rhes gefn, o'r chwith i'r dde:* Dilys Davies (paratoi cinio), Hannah Wynne (athrawes), John Lightfoot, Aubrey Smallwood, Wyn Jones, Vernon Smallwood, John Wotton, Elen Roger Jones (athrawes).
*Ail res:* Peter Webster, Wyn Jones, Wiliam Roger Jones (mab Elen Roger Jones), Meurig Roberts, Harry Roberts, Roger Lightfoot, Olwen Ellis (paratoi cinio).
*Trydedd res:* Carol Robinson, Gillian Ellis, Kathleen Hickey, Marian Ellis, Rosalind Williams, Gwenda Jones, Gwyneth Jones, Inez Hickey.
*Yn eistedd:* Eric Evans, Jeffrey Jones, Barry Webster, Phillip Jones, Alister Graham, Richard Kuipers.

oed, fe ddaeth ei blynyddoedd fel athrawes, i raddau mawr, i ben. Yn y blynyddoedd hynny, 'doedd hi ddim yn arfer i wraig briod barhau hefo'i galwedigaeth – yn arbennig gwraig i fancer – a llenwi bylchau, mwy neu lai, fel athrawes lanw, mewn mannau fel y Rhewl, Llanrhaedr ger Dinbych, Llanarmon-yn-Iâl, y Sarnau a Botwnnog, fu ei hanes o hynny ymlaen. Yn ôl pob sôn, bu'n athrawes drwyadl a llwyddiannus iawn, a go brin iddi gael unrhyw broblem disgyblaeth yn y dosbarthiadau – mwy na gydag actorion ar lwyfan o ran hynny! Fel y gwyddai'i chydnabod, roedd ganddi ddiddordeb byw mewn plant, cariad tuag atynt ac awydd ysol am eu hyfforddi i ddatblygu'u doniau a'u talentau naturiol. Bu addysg yn bwysig iawn yn ei golwg ar yr aelwyd, wrth iddi fagu'i phlant ei hun. Ond serch fod disgleirdeb ym myd addysg a llwyddiannau academaidd yn uchel yn ei golwg, roedd plant a oedd yn anabl neu o dan anfanteision yn agos iawn at ei chalon a byddai bob amser yn fwy na pharod i'w cynorthwyo a'u cefnogi ac mae sawl enghraifft ar gael sy'n profi hynny.

# BLYNYDDOEDD RHUTHUN

Fel athrawes wedi rhoi heibio'i gwaith i briodi bancer ifanc oedd newydd gael ei symud i'r dref, y cyrhaeddodd Elen Roger Rhuthun yn Nyffryn Clwyd yng ngwanwyn 1938. Ond fu'r dref honno, mwy na'r mannau eraill y bu'r ddau byw, ddim yn hir cyn sylweddoli fod yna wraig dalentog a phur benderfynol wedi mudo i'w plith. Apeliai harddwch y Dyffryn yn fawr ati - 'Fel ystum foethus rhyw arglwyddes gain' - gwerthfawrogai gynhesrwydd a dycnwch Cymry Cymraeg Rhuthun a'r cylch a oedd o blaid y 'pethe', ond roedd Seisnigrwydd dialw amdano nifer fawr o'r trigolion yn dân ar ei chroen: 'Roeddwn yn siomedig o sylwi yn yr Ysgol Sul, fod Cymraeg y plant yn wan iawn – adlewyrchiad o'r addysg yn yr ysgol gynradd leol'. A phan ddaeth yr awr, i ysgol yn y wlad, Ysgol Gynradd y Rhewl, yr anfonodd ei phlant. P'run bynnag, roedd hi a'i gŵr i dreulio pymtheng mlynedd yn y dref a chyfrannu at ei bywyd mewn sawl cyfeiriad. Gydag eraill, sefydlodd gangen o'r Urdd, gan fynd ati i hyfforddi plant ac ieuenctid a'u hannog i fynd i Wersyll yr Urdd yn Llangrannog.

Bu'r blynyddoedd cyntaf yn gymysgedd o lawenydd a phryder i'r ddau: y llawenydd unigryw hwnnw a berthyn i ddechrau byw a magu teulu, a'r pryder o orfod gwneud hynny yng nghanol ansicrwydd a pheryglon blynyddoedd tywyll yr Ail Ryfel Byd. Roedd Rhuthun yn ymddangos yn hafan ddiogel o'i chymharu â dinasoedd poblog fel Abertawe a Chaerdydd ond roedd 'Dyffryn clodfawr Clwyd' hefyd o dan lwybr y *Luftwaffe* wrth i'r peilotiaid druain geisio mapio'u ffordd i fomio dinasoedd Lerpwl a Manceinion. Roedd hi'n arfer ganddyn nhw, hefyd, ar eu ffordd adref, lawio'r bomiau sbâr ar rai o bentrefi'r Dyffryn, megis Llansannan, Llandegla neu Nantglyn. Meddai Elen Roger yn rhifyn Gaeaf 1994 o'r *Wawr*: 'Pan dorrodd yr Ail Ryfel Byd ar Medi'r 3ydd, 1939, roeddwn i a'm priod yn byw yn Rhuthun, Dyffryn Clwyd. Ganwyd merch fach (Meri Rhiannon) ymhen pum niwrnod. Daeth â hapusrwydd mawr mewn cyfnod o brinder a phryder. Byddai awyrennau Almaenig yn hedfan drosom i Lerpwl. Cofiaf y braw pan syrthiodd bom mewn cae cyfagos. Cyn diwedd y rhyfel ganwyd mab i ni (Wiliam Roger) gan ychwanegu at ein hapusrwydd.' Ddaru hi ddim sôn, ar y pryd, am y siom a ddaeth i ran y teulu yn Nhachwedd 1941: colli merch fach a alwyd yn Elin Gwenllïan a hithau ond diwrnod oed. Ynghanol hyn i gyd, roedd yna un peth i fod yn ddiolchgar amdano. Tra roedd miloedd ar filoedd o wŷr ifanc a thadau wedi'u gorfodi i fynd ymhell iawn o'u cartrefi – bu rhai heb weld eu gwragedd na'u plant gydol blynyddoedd y rhyfel – '. . . cafodd Gwilym ei gadw i wneud gwaith gweinyddol mewn adran o'r Llu Awyr yn Seland, ger Caer . . . a golygai hyn y câi ddod adref yn aml.'

Gan fod tai mor brin ag aur, bu'r ddau'n lletya yn ystod y misoedd cyntaf mewn fferm o'r enw Cae Croes, ar gwr y dref, ond cyn bo hir fe ddaeth tŷ nobl o'r enw Cilgoed, ar Ffordd Dinbych, yn rhydd ac yno y gwnaeth y ddau eu cartref cyntaf. Wedi symud yno, ymaelododd y ddau yng nghapel Bethania, gyda'r Presbyteriaid, a dod yn galon i bob gweithgarwch fel yr eglurodd y Parch. Gwilym Iorwerth Davies, a oedd yn weinidog yno ar y pryd, wrthyf mewn llythyr. Yn rhagluniaethol bron, roedd yna draddodiad drama ym Methania, a hwnnw'n mynd yn ôl i'r dauddegau, a fu Elen Roger ddim yn hir, serch fod ganddi blant ifanc, cyn dod yn anadl einioes i'r gweithgarwch hwnnw – y hi yn cynhyrchu ac yn actio, a Gwilym yn ysgrifennydd neu'n drysorydd ac yn torchi'i lewys, pan fyddai angen, i beintio'r set neu i symud celfi. Hen adeilad capel Sebuel, drws nesaf i Fethania, oedd y theatr, gyda lle i ryw gant ar un eisteddiad. Yn 1947 ffurfiwyd Cymdeithas Ddrama Bethania gyda'r bwriad o berfformio dramâu byrion, fel bod cynifer â phosibl o'r aelodau yn cael cyfle i actio; fe dyfodd y perfformiadau hynny yn ŵyl ddrama flynyddol, i'w chynnal bob Chwefror – gŵyl ddathlodd ei hanner canfed pen-blwydd yn 1997 ac sy'n

48. Elen Roger yn nyddiau Rhuthun.

49. Cymdeithas Gymraeg Rhuthun a'r Cylch yn perfformio *Gwyliwch y Paent*,
    Gwanwyn 1950.
*O'r chwith i'r dde:* Elen Roger, Dei Thomas, James Buckingam, Esmor Ellis, R. B. Howells,
Eirlys Jones, Parch. Gwilym I. Davies, L. C. Hughes, Myfanwy Jarman.

dal i fynd yn ei blaen, fel y canodd y Parch O. R. Parry, un arall o'r cyn-
weinidogion:

> Traddodiad gwych a berthyn
> I griw Bethania Rhuthun,
> Actio dramâu am wythnos lawn
> Gan ddangos dawn amheuthun.
>
> Daw hefyd hiraeth creulon,
> Wrth gofio hen actorion
> Groesodd y llwyfan hwn sawl tro
> Cyn cilio i'r cysgodion.

Meddai Elen Roger yn ei 'hatgofion' hithau: 'Fe fydd fy nghalon yn cynhesu
pan glywaf gyhoeddi ar y radio, bob mis Chwefror, 'Wythnos Dramâu
Bethania'. Rwy'n falch i mi gadw'r rhaglenni – daw â pherfformiadau da yn
fyw i'r meddwl.' Ac fel petai hynny ddim yn ddigon, yn 1950 fe ffurfiwyd
Cymdeithas Ddrama yn y dref, a 'Mrs Jones oedd y prif ysgogydd' yn ôl
Gwilym Iorwerth Davies. Yn niwedd Mawrth 1950, fe berfformiwyd
*Gwyliwch y Paent* – addasiad T. Rowland Hughes o ddrama Ffrengig wedi'i

chyfieithu i'r Saesneg a'i haddasu gan Emlyn Williams – gydag Elen Roger yn cynhyrchu ac yn chwarae un o'r prif gymeriadau – morwyn ifanc, 'Gwenni', a oedd yn gariad (a gwraig, mewn gwirionedd) i artist a fu farw ddeng mlynedd cyn i'w ddarluniau ddod i enwogrwydd. Roedd adolygydd un o'r papurau lleol, *Denbighshire Free Press*, yn fawr ei ganmoliaeth iddi: *'The performance given by Mrs Elen Roger Jones as Gwennie can only be described as superb.'* Mae ei merch, Meri Rhiannon – a oedd yn unarddeg ar y pryd – yn dal i gofio fel y bu iddi grio ar ddiwedd y perfformiad yn Neuadd y Dref; hwyrach mai hwnnw oedd yr adolygiad gorau o bob un.

Pan gyrhaeddodd y ddau, roedd paratoadau ar y gweill i groesawu'r Eisteddfod Genedlaethol i Ddinbych yn Awst 1939. Fe ymunodd ar ei hunion â Chôr Rhuthun, a oedd yn rhan o Gôr yr Eisteddfod, i ddysgu gwaith Elgar, *The Apostles*, ond cyn y perfformiad roedd yna draed bach ar y ffordd: 'Ar noson y perfformiad yn y Babell fawr, nid ar y llwyfan, ond yn mwynhau fy hun yn y gynulleidfa roeddwn i, gan fy mod yn disgwyl fy mhlentyn cyntaf yn ystod wythnos gyntaf Medi'. Ond 'doedd y llwyth

50. Myfanwy Jarman – a fu'n aelod o'i chwmni drama yn Rhuthun – ac Elen Roger yn Eisteddfod Bro Colwyn, 1995.

ychwanegol ddim yn rhwystr iddi fynychu'r Eisteddfod a thrampio'r Maes yn ddyddiol. Cafodd y boddhad o weld anterliwt yn cael ei pherfformio, am y tro cyntaf yn ei hanes hwyrach: 'Cofiaf yn dda, wrth fynd i mewn i Faes yr Eisteddfod, sylwi ar wagen, a gweld fod rhywbeth yn digwydd arni. Actorion lleol oedd yno yn cyflwyno 'Tri Chryfion Byd', anterliwt gan Twm o'r Nant, gyda Kate Roberts yn cynhyrchu. Cymaint fy mwynhad o'u gwylio, nes i mi ddychwelyd i weld ail berfformiad.'

Ond coron yr wythnos iddi hi, mae'n ddiamau, oedd gwylio perfformiad o Ddrama'r Eisteddfod, *Ein Tywysog Olaf*, a'i brawd, Hugh Griffith, fel y cyfeiriwyd yn flaenorol – a oedd yn dechrau gwneud enw iddo'i hun ar lwyfannau'r West End – yn chwarae rhan Dafydd, brawd Llywelyn. Nid i'r perfformiad fod yn hollol wrth ei bodd: 'Cofiaf y noson yn dda; y llwyfan yn wledd i'r llygad, y prif gymeriadau yn hynod o effeithiol [roedd Hugh Griffith yn un o'r rheini], ond amharwyd ychydig ar y cyflwyniad cyffredinol gan i rai o'r actorion fethu â chynhyrchu lleisiau digon uchel yn y babell fawr.' Gyda'i chwaer a'i phriod roedd Hugh Griffith yn aros, a dyna'r tro olaf iddynt gael ei gwmni cyn iddo ymuno â'r fyddin a hwylio i India bell.

Roedd Rhuthun yn echel hwylus i nifer fawr o weithgareddau diwylliannol. Un fraich oedd yn ymestyn allan o'r echel oedd Eisteddfod Ryngwladol Llangollen a lansiwyd yn 1947. Bu Elen Roger yn ymwelydd cyson â'r eisteddfod honno yn ystod ei harhosiad yn Rhuthun a chafodd gyfle, dro ar ôl tro, i ymgolli – fel y medrai hi ymgolli – yn y gwleddoedd cerddorol oedd yn gysylltiedig â'r Ŵyl – cerddorfeydd *Philharmonic* Llundain a Lerpwl, côr y *Glasgow Orpheus* a cherddorfa'r *Hallé* o dan arweiniad John Barbarolli. Braich arall i'r echel, wrth gwrs, oedd Theatr Garthewin yn Llanfairtalhaearn – R. O. F. Wynne, perchen Plas Garthewin, wedi addasu hen sgubor ar ei dir yn theatr lle perfformid dramâu Saunders Lewis a gweithiau eraill, ac o 1947 ymlaen bu Elen Roger yn un o fynychwyr a chefnogwyr y Theatr honno.

Yn ystod Eisteddfod Genedlaethol Llanrwst 1951, mae'n debyg, y cafodd Sam Jones y weledigaeth i ddarlledu y gyfres boblogaidd 'Pawb yn ei Dro'. Datblygiad ar yr awyr o'r *penny-readings* a gynhelid yn y capeli, unwaith, oedd y rhaglen gyda thimau o wahanol ardaloedd, ledled Cymru, yn herio'i gilydd i farddoni, llenydda ac actio. Gydag Ifan O. Williams yn gyflwynydd iddi a'r Parch. William Morris yn feirniad dihafal, fe dyfodd i fod yn rhaglen eithriadol o boblogaidd yn ystod y pumdegau cynnar. Darlledid y rhaglenni hyn yn fyw, o flaen cynulleidfa, ond roedd y tasgau wedi'u cwblhau neu eu hymarfer ymlaen llaw. Erbyn 1952, roedd Elen Roger yn ddigon o 'enw' i gael cap i dîm Rhuthun – tîm medrus ryfeddol fel y profwyd yn y gornestau

– a'i thasg hi ac Emrys Cleaver, aelod arall o'r tîm o saith, oedd llunio brawddegau gyda phob gair yn dechrau â'r un llythyren a pherfformio drama fer, fer.

Mae'n ymddangos i mi, mai wedi mudo i Ddyffryn Clwyd y daeth hi i'w hoed fel perfformwraig ac fel un a allai arwain mewn cymdeithas. Serch iddi gyfrannu'n gyson at fywyd crefyddol a diwylliannol y Marian, merch Angorfa oedd hi yn y fan honno a chwaer i Hugh Griffith, ond yn Rhuthun a'r cylch roedd hi yno ar ei thelerau'i hun – yn 'Elen Roger Jones'.

## YN 'Y BALA DIRION DEG'
Wedi pymtheng mlynedd yn yr un cylch – peth go anarferol yn y blynyddoedd hynny yn hanes bancer ar ei brifiant – yn 1954 cafodd Gwilym Roger wŷs i godi'i bac a symud i'r Bala i swydd ag iddi fwy o gyfrifoldeb - 'yr union swydd roedd ei daid, W. E. Jones, wedi ei dal lawer blwyddyn ynghynt.'

Fel cam yn nes i'r nefoedd yr ystyriai Elen Roger y symudiad. O leiaf, dyna'r argraff a gaiff dyn wrth ddarllen ei 'hatgofion'. Math o bentref mawr oedd tref y Bala, a thra roedd yna Saesneg 'dialw amdano' yn Rhuthun (ac o wybod am y Capel Saesneg, diau fod yna beth o hynny yn y Bala) a Chymraeg plant yr ysgol Sul 'yn wan', roedd Penllyn yn gadarnle i'r iaith, 'diwylliant arbennig' yn cael ei gynnal yn y dref a'r cylch a hithau'n ddiolchgar fod ei phlant – roedd Meri Rhiannon yn ferch ifanc erbyn hyn – yn cael cyfle ar y 'Cymreigrwydd nobl' oedd yno. Fel y sylwyd ym mhortread Mary Hughes ohoni yn *Pais*: 'Unwaith eto, fe'i cafodd ei hun yn cymryd rhan flaenllaw yng ngweithgareddau'r ardal, y 'cyfarfodydd bach' a'r mân eisteddfodau ac, wrth gwrs, y dramâu.'

Fel ym Methania, roedd yna draddodiad drama yng Nghapel Tegid yn y Bala a chryn weithgarwch a brwdfrydedd o'i gwmpas a fu hithau ddim yn hir cyn dod yn rhan ohono. Erbyn hyn, nid gwraig y bancer newydd oedd hi'n unig ond actores weddol brofiadol a'i llais i'w glywed yn aml yn actio mewn dramâu ar y radio. Yn ystod blynyddoedd y Bala bu'n arwain cwrs drama o dan nawdd Pwyllgor Addysg Meirion ym Mhlasty Rhiwaedog, yn ardal Rhosgwaliau gerllaw, a dechrau ar y gwaith o feirniadu mewn gwyliau drama. Asgwrn cefn y diwylliant drama yn y Bala ar y pryd oedd athrawes yn Ysgol y Berwyn, Buddug James – Buddug James Jones, erbyn hyn – ac mae hi'n dal i gofio'i dyled iddi ar y pryd a pheth o'r pryder: 'Doedd dim dadlau 'da hi. Roedd gan bawb ohonom ychydig bach o'i hofn ar y dechrau [Peth garw ydi cyfarfod â chyw o frid am y waith gyntaf.] . . . Fe ddysgais i lawer oddi wrthi . . .'

Yn ei 'hatgofion', mae hi'n cyfeirio at ei menter yn dod â drama i sêt fawr

51. Y canol oed cynnar –
dyddiau'r Bala, o
bosibl.

raenus a phulpud talfrig Capel Tegid – ddeg a thrigain o flynyddoedd, mwy neu lai, wedi i'r Sasiwn annog 'anwybyddu perfformiadau dramatig o bob math': 'Cofiaf i mi gael cais gan Gapel Tegid i drefnu gwasanaeth gyda'r plant a'r bobl ifanc. Tybiais y byddai cyflwyniad o hanes Mary Jones a'r Beibl yn addas. Mentrais drefnu hynny ar ffurf ddramatig, er yn petruso a gâi actio yn y sêt fawr ei dderbyn. Trefnais un ochr i'r sêt fawr fel cartref Mary Jones yn Llanfihangel a llwyddo i gael tröell ymhlith y celfi – yna celfi addas i gartref Thomas Charles yng nghornel arall y sêt fawr. Cafodd Mary gerdded i fyny i'r pulpud ddwywaith i gyfleu hyd y daith cyn tynnu ei chlocsiau wrth nesu i'r Bala. Roedd yn amlwg fod pawb wedi mwynhau'r profiad o actio a chafwyd derbyniad gwresog.'

Ymhell cyn iddi gyrraedd, roedd y Bala a Phenllyn wedi dal brech drom o'r clefyd 'eisteddfota' gyda chyfarfodydd cystadleuol yn cael eu cynnal ymhob twll a chornel o'r fro, ac roedd ymrysona felly – ambell dro drwy rannu cymdeithas lenyddol mewn capel neu ardal yn ddau dŷ a'u cael i gystadlu yn erbyn ei gilydd – yn eli i'w chalon: 'Yn fuan wedi i ni ddod i'r Bala cynhaliwyd Eisteddfod yn Capel Tegid – Ysgolion Sul y Cylch. Roedd Meirion Jones, Prifathro'r ysgol gynradd, wedi cael nifer o ddynion at ei gilydd i ffurfio Parti Llefaru ac roedd Gwilym yn un ohonynt. Dyma'r merched yn teimlo fel gwneud hynny hefyd, ac acw i Bron Rhiw y deuent i ymarfer. Daeth diwrnod yr Eisteddfod, a rhaid oedd cael rhagbrawf ar y partïon. Daeth dau barti Capel Tegid – y merched a'r dynion – drwodd i'r llwyfan. Y merched ddaeth i'r brig (Rhianedd Bro Eryl) a bu llawer o 'dynnu coes'.'

Yng nghyfnod y Bala y dechreuodd hi feirniadu mewn eisteddfodau, a dod yn feirniad Cenedlaethol yn nes ymlaen. Beirniadu actio neu adrodd y byddai hi gan amlaf, serch fod ganddi ddawn a gwybodaeth, hefyd, i werthfawrogi canu. 'Doedd hi, meddai hi, â fawr o gariad at y gair 'beirniadu': 'Ceisio y byddwn i roi sylwadau a fyddai'n gymorth, yn symbylu ac yn calonogi. Wrth gwrs, mae ynganu clir a lleisio gofalus yn hanfodol i gyflwyniad llafar llwyddiannus.' Roedd goslefu annaturiol a llefaru adroddllyd yn dân ar ei chroen ac fel beirniad fyddai hi ddim yn fyr o ddweud hynny pan oedd yn angenrheidiol!

Ond dwy flynedd, mwy neu lai, gafodd y ddau i ymdrochi yn niwylliant Penllyn. Roedd Elen Roger bob amser yn sôn am y blynyddoedd cwta a dreuliwyd yn y Bala fel rhai 'hapus iawn' ac roedd hi'n ddiolchgar, meddai hi, am gael cyfle i adnabod pobl y Bala. Roedd y symudiad nesaf yn eu hanes, nid yn unig yn newid ardal ond yn gryn newid hinsawdd yn ogystal.

## 'CHWIP O DDYNAS WEDI DWAD I ABERSOCH'

Megan Thomas (Roberts wedi hynny) - prifathrawes ysgol y pentref ar y pryd – sydd piau'r ymadrodd uchod, yn union wedi iddi glywed, gan ffrind iddi o Lanallgo, fod Gwilym ac Elen Roger Jones ar ddisgyn ar Abersoch. Gair dyrchafol ydi 'chwip' i bobl Llŷn, i ddisgrifio medrusrwydd a champ; mi fyddwn ni, frodorion, yn sôn am 'chwip o ganwr', neu 'chwip o ffarmwr', neu hyd yn oed 'chwip o bregethwr' - serch fod y brid hwnnw, bellach, yn rhyfeddol o brin. Felly, pan gyrhaeddodd Elen Roger a'r teulu Abersoch yn 1956, a mynd i fyw i Dŷ'r Banc – cyn gynted ag roedd hwnnw ar gael – roedd y sôn amdani wedi cyrraedd yno o'i blaen.

Mewn llythyr ataf, fe soniodd Megan, yn ddiddorol iawn, am ei hymweliad cyntaf â Thŷ'r Banc yn Abersoch, a mynd yno ar flaenau'i thraed, fel petai: 'Yn ôl y sôn, roedd y ddau yn dod i le anghydnaws iawn â'u natur weithgar. 'Doeddwn i ddim yn siŵr iawn oeddwn i'n cael croeso ai peidio. Roedd Elen mor hunanhyderus. Roedd arna' i ei hofn hi braidd. 'Doedd Gwilym ddim yno, roedd o yn y Banc. Ond, yn fuan iawn, mi wyddwn fy mod yng nghwmni person arbennig a diwylliedig iawn. Dyma ddechrau cyfeillgarwch cywir a barhaodd dros y blynyddoedd a fy mraint i fu elwa ymhob rhyw fodd ar y berthynas honno.'

Mae'n debyg iddi sôn cryn dipyn wrth bobl Abersoch am 'Hugh, fy mrawd' a'i lwyddiannau ar y llwyfannau. Fel y cyfeiriwyd yn barod, pan oedd yntau yno, 'yn y banc', ugain mlynedd ynghynt, fe ffurfiodd gwmni drama ac fe wnaeth Neli, ei chwaer, yr un peth. Yn hogyn ysgol, mae gen i go' am fynd i weld y cwmni hwnnw'n perfformio *Gwyliwch y Paent* (wedi'i hatgyfodi mae'n amlwg o ddyddiau Rhuthun) ond fedra' i ddim cofio mwy na hynny am y ddrama na'r perfformiad.

---

Wel, fu hi fawr o dro cyn iddi ein deffro ni o'n cysgadrwydd diwylliannol yn y 'Rabar 'ma.

'Be' sy gynnoch chi yma ar Ŵyl Ddewi?' holodd.

'Dim.'

'Dim? . . . Dim? . . . Dim! Bobl bach, be' ydi'ch meddyliau chi yma 'dwch? Rhaid i ni ga'l rhwbath 'ta. Reit, chi yn ysgrifennydd, ac i anfon am chwiorydd o bob eglwys a sefydliad i drefnu swper Gŵyl Dewi yn y Neuadd.

Pawb yn deud – 'Mi geith hi weld na ddaw neb!'

Ond 'doeddan nhw ddim wedi bargeinio am natur genhadol a brwdfrydig Neli.

Noson yr ŵyl, y Neuadd yn llawn, byrddau ar ben y llwyfan hyd yn oed. A phawb yn falch ein bod ni wedi gwrando arni, er ein bod ni ar ein gliniau gan flinder.

Trefnwyd cyngerdd bach ar ôl y swper, gyda cherddorfa newydd anedig Abersoch: Neli a'i soddgrwth, Gwyn Iona a'i ffidil a Sam Jones, *Palm Café*, efo'r fiola.

*Repertoire* go gyfyng oedd ganddyn' nhw, a thipyn o sŵn drwg a deud y gwir. Dyma oedd dyfarniad Sam:

Och! A'u mawl a'u mawr wich main – yrr 'Catherine'

I'r cythraul gan lefain,

Hen 'egos' dros eu hugain,

Gwenu mwy wna'r 'Bachgen Main'.

Dyna fu hanes Neli wedyn, symbylu a chefnogi pawb i weithio efo hi. Dyna oedd yn dda – roedd hithau'n gweithio hefyd.

Hwyl efo'i chwmni drama, ffyddlondeb i gapel y Graig, a'r Parch Idan Williams [y Gweinidog ar y pryd] yn plesio i'r dim, efo'i feddwl byw, a'i bregethu grymus.

Rhoddai'r un brwdfrydedd i'w chrefydd. 'Ni ddiffydd lin fo'n mygu' oedd arwyddair Neli. Cynio ar bawb a chefnogi wedyn; waeth faint y dalent.

Megan Roberts yn ei llythyr. Arall oedd barn Elen Roger am beth o'r canu: 'Chlywais i erioed 'Myfanwy' yn cael ei chanu efo cymaint o arddeliad ac angerdd ag a wnes i'r noson honno.' Yn ei 'hatgofion', mae hi'n cofio am 'nifer o ferched ifanc' yn ffurfio parti llefaru ac am y mwynhad o'u hyfforddi i adrodd 'Cymru' gan Gwenallt. Ychwanega: 'Mae'r dathlu Gŵyl Ddewi hwnnw yn sefyll allan fel un arbennig i mi.'

---

52. Cwmni Drama y Graig, Abersoch, yn y pumdegau yn cyflwyno *Gwyliwch y Paent*.
*O'r chwith i'r dde:* R. H. Jones, Wyn Williams, Bryniog Williams, Dafydd Jones, Nel Jones,
Parch. Idan Williams, Helen Jones, Kathleen Jones (Catrin Dafydd), Robert Roberts.


53. Llawen gwrdd â hen gyfeillion' – Megan Thomas (Roberts erbyn hynny), Abersoch, yn
ymweld â'r Wylfa.

Yn ystod dyddiau Abersoch, bu'n dysgu tymor yn Ysgol Botwnnog, gyda dosbarth o blant oedd yn cael trafferthion darllen. (Testun ymffrost iddi erbyn dyddiau 'atgofion' oedd bod un o'i hwyrion, Geraint, wedi priodi wyres y prifathro oedd yno ar y pryd, y diweddar G. Hughes Thomas, ac mai ei mab, Wiliam, oedd prifathro presennol yr ysgol honno.) Roedd brwydr felly, mae'n amlwg, wrth ei bodd: 'Fe'u cefais yn annwyl ac yn ymdrechgar, ac roedd gweld y boddhad ar eu hwynebau, pan gaent dipyn o lwyddiant, yn deimlad braf iawn.' Fe gafodd fonws arall hefyd: 'Fel rhan o gynllun cenedlaethol, daeth athrawes o Tsiena i'r ysgol tra roeddwn i yno, i astudio dulliau o gyflwyno addysg ddwyieithog. Daethom yn ffrindiau. Cofiaf iddi dderbyn newyddion drwg o Tsiena, ac edmygais ei dewrder, pan aeth o'r neilltu i fyfyrio'n dawel am ychydig ac yna troi'n ôl at ei gwaith arferol. Pan ddychwelodd i'w gwlad, anfonodd lyfr am Confucius i mi.'

Fel ym Mhenllyn, prin amser gawsant i roi'u hangorion i lawr ym Mhen Llŷn cyn derbyn gwŷs arall o gyfeiriad y pencadlys i godi'r angorion hynny a hwylio am Amlwch. Mewn gwirionedd, rheolwr is-gangen oedd Gwilym Roger yn Abersoch – ym Mhwllheli roedd y brif gangen – ac roedd mudo i Amlwch yn ddyrchafiad iddo. Roedd Amlwch hefyd, mwy neu lai, yn hôm-port i'r ddau ohonyn nhw.

## 'ANTI BANC' YN AMLWCH

Fel y dywedodd Dewi Jones, wrth dalu teyrnged iddi ddydd ei hangladd, fe fu Elen Roger 'yn Anti i lawer mewn llawer lle, ac fe elwodd y llawer o fod dan ei dylanwad', ond yn Amlwch y bedyddiwyd hi'n 'Anti Banc' – ddim am ei bod hi'n graig o arian, o bell ffordd, ond oherwydd mai yn Nhŷ Banc y *Midland*, unwaith eto, y trigai'r wraig egnïol a hyfforddai blant ac ieuenctid, a phobl mewn oed hefyd, i lefaru a pherfformio, a hynny i eithaf eu gallu. Prin chwe blynedd fu hyd blynyddoedd Amlwch, ond bu'r blynyddoedd hynny yn rhai llawnion ryfeddol – serch fod y ddau, Gwilym a hithau, wedi troi'r hanner cant yn cyrraedd yno. Taith diwrnod Sabath sydd yna rhwng Amlwch a'r Theatr Fach yn Llangefni ac roedd hi'n daith roedd Elen Roger i'w theithio'n gyson o hynny ymlaen. Ond yn gyntaf, roedd rhaid cael cwmni drama yn Amlwch ei hun.

'Wedi dod i Amlwch,' meddai, 'sylwais fod yno awydd codi cwmni drama.' Synnwn i ronyn, mai hi fu'n gyfrifol am godi'r 'awydd' hwnnw yn y lle cyntaf! 'Clywais am ddau ddigrifwr o Bensarn, pentref cyfagos, yn y rhaglen *Sêr y Siroedd*, a pherswadiais Glyn Williams ac Elwyn Hughes i ddod yn aelodau o'r cwmni.' Fel y cyfeiriwyd yn y Rhaglen Deyrnged iddi, yn Theatr y Maes, adeg Eisteddfod Môn, 1999, nhw oedd y ddau 'mwya' direidus' a berthynai i'r cwmni ond fe fynnai hi bod y ddau yn rhan o bob perfformiad. Daeth Glyn Williams, yn arbennig, yn actor adnabyddus; yn anffodus bu'r ddau farw'n annisgwyl ac yn ifanc. Atgyfodi *Gwyliwch y Paent*, eto fyth, wnaeth hi i roi Cwmni Drama Amlwch ar lwyfan am y waith gyntaf. Gyda llaw, 'dydi ddim yn hawdd deall ymlyniad Elen Roger wrth *Gwyliwch y Paent* – serch ei bod yn ddrama gref sy'n trafod serch a ffyddlondeb, twyll a thrachwant, gydag elfennau o ddwyster a digrifwch wedi'u gwau i mewn – oni bai'i bod hi'n gweld gwerth mewn dechrau, gyda chwmni newydd, hefo drama a oedd yn gyfarwydd iddi.

Roedd ymddiddori mewn gwisgoedd o wahanol gyfnodau yn hobi'r blynyddoedd iddi. Meddai wrth Glyn Evans, yn y gyfrol *Minafon*: 'Oherwydd fy mod i wedi ymddiddori mewn drama yr ydw i wedi bod yn casglu dillad, ac mae gen i lawer iawn o wisgoedd Fictorianaidd, clocsiau, sioliau, hen sbectols, cribau gwallt, dillad plant ac ati . . . Mi fyddai' i'n hoffi sôn am hen gymeriadau fel Margiad Morris, mam y Morusiaid, neu'r Copr Ladis o Fynydd Parys – a chael pobl wedi eu gwisgo yng ngwisgoedd y cyfnod i'w portreadu er mwyn dangos sut yn union yr oedden nhw yn gwisgo yr adeg honno.' Wedi cyrraedd Amlwch aeth â'r peth ymhellach. Gyda thrwyn am helfa, aeth heibio i'r Clwb Pensiynwyr a gyfarfyddai yn y Gorlan, 'a'u cymell' i ddod â hen wisgoedd ddoe i'w canlyn i'r Clwb. Wedi

---

Roedd ymddiddori yn y ddrama yn peri i mi hybu cael wythnos o gyflwyno dramâu byrion yn y gwahanol ardaloedd y bûm yn byw ynddynt, ac roedd hynny'n golygu gofalu am gelfi a gwisgoedd. Cefais fy hun yn holi hwn a'r llall ac yn benthyca dillad. Wedi clywed am hyn, a finnau'n byw yn Rhuthun ar y pryd, cyflwynodd rhyw wraig barsel o ddillad yn anrheg i mi. O'i agor, rhyfeddais, ac rwy'n dal i ryfeddu at eu harddwch – y defnydd a'r addurniadau ar y sgert laes a'r ddau glogyn du o oes Fictoria. Dyma sylfaen fy nghasgliad o wisgoedd. Mae gwisg yn cynnwys hetiau, boneti, esgidiau a chlocsiau. Prinhau mae'r hetiau tal Cymreig, fel mae Sian Owen yn ei wisgo yn 'Salem', llun enwog Curnow Vosper. Rwy'n ffodus iawn o fod yn berchen dwy a gafodd eu gwisgo ym Môn. Prinnach fyth yw'r boneti o sidan, wedi eu haddurno â mwclis a phlu estrys, y ffasiwn yn dilyn yr hetiau uchel. Mae rheini'n drysorau i mi. Roedd siôl yn rhan hanfodol o wisg cyn dechrau gwisgo côt. Byddai ffatrïoedd gwlân lleol yn gwneud siolau ysgwydd, ac mae gen i amrywiaeth da ohonynt. Y siolau mwy – y rhai *Paisley* – sy'n tynnu sylw, gan fod y lliwiau a'r patrwm mor hardd. Mae un arbennig yn fy meddiant – dywedir fod gwehydd o Ryd-y-clafdy, wedi mynd ati i wneud siôl na fedrid dychmygu gweld y diafol yn ei phlygion, fel y gwelid yn siôl Sian Owen. Tybiaf mai o dramor y daeth llawer o'r siolau lliwgar a gyflwynwyd i mi – anrhegion o bosib' gan forwyr Môn. Diddorol hefyd yw'r dillad sy'n fy nghasgliad i fachgen bach dwyflwydd oed a wisgid ddechrau'r ganrif, gyda gwaith llaw cywrain rhyfeddol arnynt.

Allan o'i 'hatgofion'.

54. Noson goffi i arddangos hen wisgoedd yn Hen Ysgol, Marian-glas, Haf 1981, i godi arian at Eisteddfod Genedlaethol Llangefni 1983.
*Rhes gefn, o'r chwith i'r dde:* John Williams, Gwenda Williams, Mair Williams, Mary Owen, Dilys Williams, Rhiannon Williams, Maira Hughes, Rhian Jones, Olwen Williams, Elen Roger (Trefnydd).
*Rhes ganol:* J. T. Jones, Joan Williams, Eleanor Williams, Sarah Williams, Gwyneth Richards, Meri Rhiannon Elis.
*Rhes flaen:* Rhian Williams, Delyth Mai Williams, Rhian Thomas, Eleanor Thomas.

cael casgliad at ei gilydd, fe aeth hi ati i drefnu sioe ffasiynau yn Neuadd y Dref i arddangos gwisgoedd yr oes o'r blaen: 'Es ag ychydig o hen ddodrefn i'w rhoi ar y llwyfan a daeth Meri [ei merch] â'i thelyn, ac i'w chyfeiliant dyma arddangos yr hen wisgoedd. Gan fod gennyf ddillad dynion – cotiau hefo cynffon big a hetiau silc – llwyddais i gael dynion i'w harddangos. Benthyciais feic Peniffardding i'w roi ar y llwyfan, a chanfod canwr da ymhlith y dynion i ganu 'Hen Feic Peniffardding fy Nhaid'. Bu'r sioe'n fath lwyddiant, fe y bu'n rhaid rhoi ail berfformiad!' Nid tasg hawdd, dybiwn i, oedd troi breichiau hynafgwyr Amlwch, yn nechrau'r chwedegau, i fodelu dillad ar lwyfan, ond roedd Elen Roger yn gampwraig ar seicoleg perswâd. Mewn dyddiau diweddarach byddai ganddi sgwrs ar ramant hen wisgoedd. Byddai yn ei thraddodi i wahanol gymdeithasau ac yn mynd â baich o ddilladau i'w chanlyn ac yn eu harddangos yn frwdfrydig gerbron cynulleidfa. Mewn sgwrs, cyfeiriodd Gwyneth Owen, Caernarfon – a fu'n ddarlithydd coleg – at Elen Roger yn dod i'r Coleg Normal, rhywbryd yn

85

55. Dosbarth Meithrin Amlwch, Medi 1978:
*Rhes gefn, o'r chwith i'r dde:* Mrs. Muriel Parry, Menna a Ceri Morris Jones, Carol Shallcross, Eirian Williams, Heulwen Pritchard, Judith Austin, Elen Roger (yn fawr ei gofal), Gethin Hughes.
*Rhes flaen:* Owain Roberts, Gwynfor Davies, Richard Parry, Hugh Parry, Jane Lawson.

nechrau'r wythdegau, â'r dilladau i'w chanlyn, gan roi darlith Saesneg – hyd dwy ddarlith arferol – i ddosbarth niferus o ferched a'u cyfareddu gyda'i gwybodaeth a'i huodledd.

Serch i'r enwog 'John Williams, Brynsiencyn' haeru, yn ôl yn 1914, mai ym mhendraw eithaf Môn y byddai'r iaith Gymraeg yn oedi hwyaf cyn trengi, roedd Amlwch yn lle y bu'n rhaid iddi frwydro'n galed dros chwarae teg i'r iaith a thros ei pharhad. Fe wnaeth hi hynny mewn ffordd syml o ymarferol ond un oedd yn arloesol ddigon ar y pryd. Meddai yn ei 'hatgofion': 'Wrth fynd at y plant ieuengaf yn Ysgol Sul Capel Bethesda, yn Amlwch, synnais cyn lleied o Gymraeg yr oeddynt yn siarad. O holi athrawon mewn capeli eraill cefais fod y siom yn gyffredinol.' Ond nid un i resynu ac eistedd o dan bren cicaion oedd Elen Roger; clywodd fod gweinidogion Caergybi, wedi iddynt gyfarfod â phroblem gyffelyb, wedi casglu plant ynghyd i geisio unioni'r sefyllfa. Cyn pen dim, roedd hithau, gyda chymorth eraill, wedi sefydlu dosbarth meithrin o'r fath yn ysgoldy Salem, capel y Bedyddwyr yn Amlwch. Gyda chefnogaeth frwdfrydig Mari Wyn Meredith, a oedd ar y pryd yn Drefnydd Iaith o dan Bwyllgor Addysg Môn, llwyddodd i sicrhau dodrefn a chelfi addas i'r ystafell ac agor yr ysgol, ddau fore yr wythnos. Dyma'r cyfnod yr agorwyd Atomfa'r Wylfa, a nifer o Saeson yn symud i'r ardal; iddi hi roedd hynny'n gyfle i genhadaeth ychwanegol: 'Dyma feddwl mai da o beth fyddai rhoi cyfle i Saeson bach gyfarwyddo hefo'r Gymraeg. Bu brwdfrydedd y rhieni'n galonogol iawn, byddent yn dotio at eu plant yn gallu cyfri ac enwi lliwiau mewn dwy iaith, a dod i ganu a chyfarch yn Gymraeg.' Ac roedd hyn i gyd saith mlynedd cyn sefydlu y Mudiad Ysgolion Meithrin yn 1971!

Fel y cyfeiriwyd, wrth drafod ei chyfraniad fel addysgwraig, roedd gan Elen Roger ofal arbennig am blant a fyddai o dan anfanteision. Un o'r rheini, yn nyddiau y dosbarth meithrin hwnnw yn Amlwch, oedd Heulwen Pritchard – geneth fach rhwng dwy a thair oed a gollodd ei golwg wedi llawdriniaeth: 'Cofiaf yn dda Mrs Pritchard yn dod â Heulwen i'r Ysgol Feithrin. Trwy wrando'n astud, teimlo'n ofalus a chanolbwyntio, llwyddai Heulwen i wneud llawer o bethau fel plant eraill.' Lle roedd Heulwen yn y cwestiwn, roedd yna ochr arall i'r geiniog. Fe wyddai Elen Roger fod yna fwriad i'w hanfon am gyfnod i ysgol arbennig yn Lerpwl ac felly fe drefnodd iddi 'gymysgu hefyd gyda'r Saeson bach' fel bod ganddi grap ar ail iaith cyn iddi adael cartref. Fe werthfawrogodd y teulu y gymwynas honno ac fe ymddiddorodd Elen Roger yng ngyrfa bywyd Heulwen o hynny ymlaen a chadw toriadau papur newydd lle cyfeirid at ei llwyddiant a'i gwroldeb. Ym mis Mawrth 1993, a Heulwen erbyn hynny wedi priodi, ac

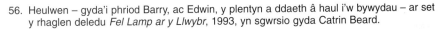

56. Heulwen – gyda'i phriod Barry, ac Edwin, y plentyn a ddaeth â haul i'w bywydau – ar set y rhaglen deledu *Fel Lamp ar y Llwybr*, 1993, yn sgwrsio gyda Catrin Beard.

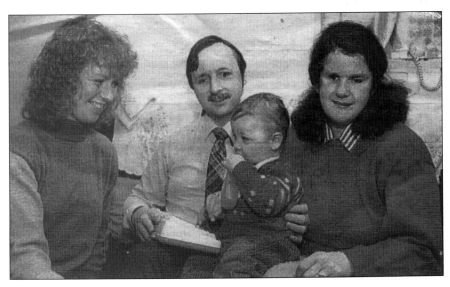

Yn blentyn fe aeth Heulwen i ysgolion preswyl arbennig i'r dall lle'r oedd pawb yr un fath. Ond pan ddaeth hi'n amser i wneud lefel A, fe aeth i'w hysgol leol, Ysgol Syr Thomas Jones yn Amlwch, Ynys Môn. Yno, nid hi oedd y broblem, ond pawb arall! 'Roedd y prifathro ofn am ei fywyd!' cofia Heulwen. 'Roedd o'n meddwl fy mod am ddisgyn i lawr y grisiau neu gael rhyw ddamwain fawr.'

Cyfarfu Heulwen â'i gŵr tra yn yr ysgol yn Wavertree, a buont yn cysylltu â'i gilydd yn achlysurol dros y blynyddoedd. Ond yn 1986, bu i'r ddau gyfarfod eto. 'Erbyn hynny, fe benderfynom ein bod wedi chwarae o gwmpas ddigon,' meddai Heulwen, a dyweddïon nhw ymhen pythefnos.

Heddiw mae'r ddau yn byw yn Eastleigh, ger Southampton, lle mae Barry yn gweithio i'r cwmni cyfrifiaduron, *IBM*, a Heulwen yn gweithio o gartref yn trosi dogfennau prin i *braille*. Ac mae yna drydydd Dickinson, sef Edwin, sy'n 15 mis oed.

Broliant a ymddangosodd yn *Sbec* i'r rhaglen *Fel Lamp ar y Llwybr* a ddarlledwyd ar S4C gyda Catrin Beard yn holwraig.

yn fam i blentyn, bu stori'i bywyd yn destun rhaglen deledu gyda'r teitl – *Fel Lamp ar y Llwybr*.

Yn nyddiau Amlwch fe frwydrodd hi dros y Gymraeg ar ffrynt arall hefyd ond methu â chael ei maen i'r wal fu ei hanes y tro hwn – peth go anarferol yn ei hanes hi. Fel ei mam o'i blaen, roedd hi'n un o gefnogwyr Sefydliad y Merched ac yn aelod, erbyn hynny, o gangen Amlwch. Yn fuan wedi i Elen Roger ddychwelyd, roedd Sefydliad y Merched ym Môn yn dathlu'i hanner can mlwyddiant ac i nodi'r achlysur gofynnwyd i'r haneswraig, Helen Ramage, lunio pasiant ar hanes yr Ynys ac i Elen Roger, ac un arall, ei gynhyrchu a bu'r perfformiad yn llwyddiant mawr. Ond yn fuan, fe surodd y berthynas rhyngddi a'r mudiad. Meddai yn ei 'hatgofion': 'Byddai cymhelliad i'r canghennau anfon penderfyniad i'r Pwyllgor Sirol, ac i hwnnw ddewis rhai ohonynt i'w hanfon ymlaen. Mentrais anfon y penderfyniad yma - "Gan fod cymaint o'r aelodau gyda'r Gymraeg yn iaith gyntaf iddynt, onid teg a rhesymol fyddai cael erthygl Gymraeg yng nghylchgrawn y mudiad, *Home and Country*, a hynny ym mis Mawrth, mis ein Nawdd Sant". Er mawr siom i mi, ni chafodd y penderfyniad ei dderbyn.' 'Doedd hi ddim yn gofyn am y ddaear – dim ond am 'lwyth cwpl o fulod o bridd'. Ond melys pob dial, mae'n debyg, a phan ffurfiwyd mudiad Merched Y Wawr , yn fuan wedyn, roedd yn naturiol iddi feddwl am hynny fel iawn am ragfarn a difaterwch Pwyllgor Sirol, Sefydliad y Merched, ym Môn.

Penderfynodd Gwilym Roger ymddeol ar ddiwrnod ei ben-blwydd yn drigain oed, sef y dydd olaf o Fehefin 1967. 'Does gen i'r un syniad faint o drafod fu ynghylch lle y dylid bwrw angor. Go brin y bu i un o'r ddau ystyried gadael Môn, a hwythau wedi gwerthfawrogi'r cyfle i ddychwelyd yno. Gan mai eiddo'r Banc oedd y tŷ – yn ystyr iach yr ymadrodd – roedd yn rhaid chwilio am gartref arall. Fyddwn i ddim yn synnu nad oedd gan y ddau dynfa gref i ddychwelyd i'r hen lwybrau yn ardal Llanallgo a byw ar y Marian.

## YN ÔL AR Y MARIAN A BYWYD 'YN LLAWN DYNN DOP'

Cwta ddeng mlynedd ar hugain fu Gwilym ac Elen Roger Jones yn alltudion o'u cynefin, eto roedd yr ardal, yn y cyfamser, wedi newid cryn dipyn o ran natur y boblogaeth ac o ran arferion a phatrymau cymdeithasol. Meddai yn *Portread*: 'Mewn mwy nag un ystyr, roedd gwynt y môr wedi gadael ei ôl hefyd ar Sir Fôn yn ystod y blynyddoedd y bues i'n byw o'r Ynys . . . A minnau wedi fy ngeni a'm magu mewn cyfnod pan oedd pawb yn siarad Cymraeg roedd hi'n chwith gweld y Seisnigo sydyn a fu ar yr hen Ynys.'

Roedd ei mam, Mary Griffith, wedi marw yn fuan wedi iddynt symud i Amlwch a'r hen gartref, Angorfa, yn eiddo i Thomas, ei hanner-brawd. Fodd bynnag, bu'r ddau yn ddigon ffodus i fedru prynu y Wylfa, Marian-glas – tŷ braf ar gwr y Marian, ergyd carreg yn unig o ddrws ei hen gartref: 'Roedd yr enw Wylfa yn addas dros ben, gan fod y tŷ ar lecyn arbennig – caeau graenus Ponc'refail o'n cwmpas a thros Goed y Gell, a golygfa ardderchog o'r môr dros Fae Moelfre, yna Benllech a Thraeth Coch ar un ochr a Phwynt Leinws yr ochr arall. Ar ddiwrnod clir, bydd mynyddoedd

57. Yr olygfa a welai o'i chartref, y Wylfa, i gyfeiriad Moelfre a'r môr.

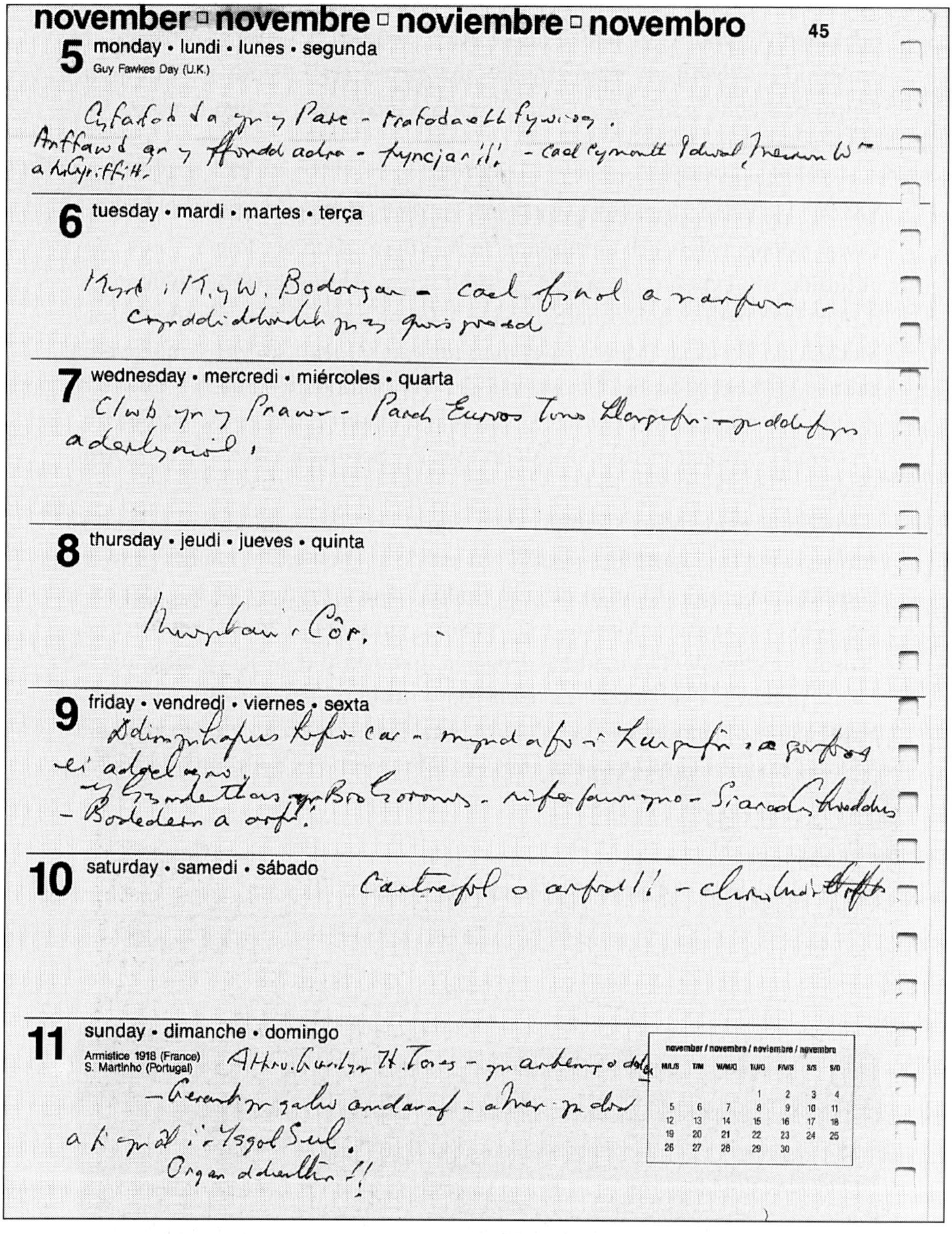
november □ novembre □ noviembre □ novembro
45
5 monday • lundi • lunes • segunda
Guy Fawkes Day (U.K.)
6 tuesday • mardi • martes • terça
7 wednesday • mercredi • miércoles • quarta
8 thursday • jeudi • jueves • quinta
9 friday • vendredi • viernes • sexta
10 saturday • samedi • sábado
Cartrefol o orfod
11 sunday • dimanche • domingo
Armistice 1918 (France)
S. Martinho (Portugal)
november / novembre / noviembre / novembro
M/L/S T/M W/M/Q T/J/Q F/V/S S/S S/D
1 2 3 4
5 6 7 8 9 10 11
12 13 14 15 16 17 18
19 20 21 22 23 24 25
26 27 28 29 30

58. Tudalen o'r dyddiadur UNICEF, Tachwedd 1990, yn dangos y crwydro dibaid a'r 'cartrefol o orfod'.

yr Eil o'Man i'w gweld, arwydd fod tywydd stormus i'w ddisgwyl fyddai hynny. Pe byddai'n eithriadol o glir, deuai mynyddoedd Cumbria i'r golwg.' Serch pob newid a Seisnigo a fu, roedd hi'n fro gyda digon o weithgarwch diwylliannol, fel y'i canmolwyd gan Elen Roger yn *Portread*: 'Ond cofiwch chi, 'tydi'r diwylliant Cymraeg ddim wedi cael ei foddi'n llwyr yn yr ardaloedd yma. Camgymeriad mawr ydi meddwl am Benllech, a'i draeth tywodlyd, fel lle a feddiannwyd yn llwyr gan Saeson.'

Os oedd ei gŵr yn ddigon hapus i 'aros gartref', chwedl hithau – i ddifyrru'i hun yn ei weithdy a'i dŷ gwydr, i arwain yn ei gapel ac yn ei Gyfundeb gan roi cefnogaeth un o'r gwŷr traed i gymdeithasau a digwyddiadau eraill – fe gamodd hi'n syth i ganol y bwrlwm i gefnogi ac i arwain. Rhwng y trigain oed a chyrraedd y pedwar ugain, fe gyflawnodd lawer. Hwyrach mai hydref bywyd, ar un ystyr, fu tymor prysuraf ei holl einioes – rhwng cefnogi yn lleol bopeth a gyfrifai hi'n ddyrchafol, actio a

59. Rhai o aelodau Cymdeithas Bro Goronwy yn ymweld â bedd Twm o'r Nant ym mynwent yr Eglwys Wen, Dinbych, yn ystod Taith Lenyddol y Gymdeithas i Ddyffryn Clwyd, haf 1989.
*O'r chwith i'r dde:* Marian Lloyd, Ann Hughes, Magdalen Jones, Elen Roger, Dewi Jones, John Lloyd a Mari Wyn Meredith – yn dal i dynnu lluniau.

60. Gydag enwogion eraill mewn Ysgol Lenyddol yng Ngregynog, Gorffennaf 1996.
*Yn y cefn, o'r chwith:* Peredur Lynch, Gwyn Erfyl, Ifor Wyn Williams, Megan Hughes Jones, R. Alun Evans.
*Yn y canol:* Simon Brooks, John Clifford Jones, Lisa Erfyl, Gwen Aaron, Huw Roberts.
*Rhes flaen:* Dewi Jones, Magdalen Jones, Meg Elis, Menai Williams, Elen Roger, Rhiannon Evans.

ffilmio, teithio'r cyfandir pan ddaeth y cyfle, crwydro i roi sgyrsiau i gymdeithasau, cynnal dosbarthiadau i ddysgwyr, ysgrifennu i gylchgronau a phapurau bro, beirniadu dramâu a beirniadu adrodd mewn eisteddfodau, hyfforddi a chynhyrchu, heb sôn am ymddiddori yn ei theulu a'i chymdogion a chapela, wrth raid, gyda chysondeb cadarn. Fel 'nain egnïol dros ben' y disgrifiwyd hi mewn broliant yn y *Radio Times* yn Ionawr 1974. Ond dim ond newydd gyrraedd oed pensiwn roedd hi ar y pryd; roedd yna yn agos i chwarter canrif o weithgarwch yn disgwyl amdani.

Serch ceisio'i dal hi ymhob man, roedd yna rai pethau wedi'u hysgrifennu ar lech ei chalon – Clwb y Marian (clwb pensiynwyr a sefydlwyd ganddi hi a'i phriod yn yr Hen Ysgol), *Yr Arwydd*, Cymdeithas Lenyddol Bro Goronwy – 'y gymdeithas lenyddol fwya' yng Nghymru' fel y byddai hi'n ychwanegu – y gangen leol o Ferched y Wawr, Y Gyfeillach,

92

Côr Bro Dyfnan, Cymdeithas y Gell a phopeth a ddigwyddai tu mewn i furiau ei hoff Baradwys. Fel yr ysgrifennodd Dewi Jones yn *Yr Arwydd*, wedi'i marwolaeth: 'Bu bywyd Elen Roger Jones yn llawn dynn dop ac yr oedd yna ddigon o afiaith ar ôl i lenwi ein bywydau ninnau hefyd, i gofleidio ein cymdeithas a'n cymdeithasau, ein bro a'n hynys a'n gwlad. Mae cyfoeth y llawnder hwnnw wedi'n cyffwrdd ni i gyd ac fe fydd yn dal i'n cyffwrdd.'

O lwyfan Theatr y Maes, wrth gadeirio'r Rhaglen Deyrnged, fe gyfeiriodd Owen Parry at ei theyrngarwch i'r eisteddfodau lleol, Eisteddfod enwog Marian-glas ac Eisteddfod Talwrn, lle'r eisteddai hi mewn man strategol, am ddiwrnod cyfan (os mai dyna hyd yr eisteddfod) gyda bwyd a diod i'w chanlyn, yn yfed pob diferyn o'r hyn a ddigwyddai ar y llwyfan – yn beth braw i gystadleuwyr oedd heb fedru taro'r nodyn cywir neu wedi dewis darn adrodd a gyfrifai hi yn dipyn o sothach.

Erbyn hyn, yn Eisteddfod Gadeiriol Marian-glas, fe gynigir tlws er cof am Elen Roger Jones, i'r cystadleuydd gorau yn yr adran llefaru o dan bump ar hugain oed.

Wedi iddi gyrraedd ei saithdegau dechreuodd anrhydeddau lifo i'w chyfeiriad. Yn 1979, a'r Eisteddfod Genedlaethol yng Nghaernarfon, fe'i derbyniwyd yn aelod o'r Orsedd a'i hanrhydeddu â'r Wisg Wen. Yna, pan

61. Ym mws yr Orsedd a hithau newydd ei derbyn yn aelod, Eisteddfod Caernarfon, 1979.

ddaeth yr un Eisteddfod i Fôn yn 1983, mewn seremoni yn Theatr y Maes – y theatr a'r seremoni yn rhai newydd – cyflwynwyd Tlws Garmon iddi a'i chydnabod fel Actores Orau'r flwyddyn. Ond roedd hi i dderbyn un fedal arall. A hithau erbyn hynny yn ei hwythdegau pell, derbyniodd Fedal Gee am oes o ffyddlondeb i'r Ysgol Sul. Fel y dywedodd hi ar y rhaglen *Portread*, gyda'r ymffrost a godai oddi ar ei ffydd Gristnogol, honno oedd ei 'thrysor penna'.

Gan i Bwyllgor Sirol Sefydliad y Merched ym Môn roi sbocsen yn ei holwyn, roedd geni mudiad Merched y Wawr, yn ystod ymweliad yr Eisteddfod Genedlaethol â'r Bala yn 1967 – wedi i ferched y Parc, gerllaw, baratoi'r ffordd – yn destun gorfoledd iddi. Diogelodd y pamffledyn a dderbyniodd ar Faes yr Eisteddfod, yn hysbyseb i'r cyfarfod lansio ym Mhabell y Cymdeithasau, a'i gyfri'n 'drysor'; ystyriai *Y Wawr* yn 'gylchgrawn difyr a graenus' a chadwodd ôl-rifynnau; dyfynnai'n gyson apêl Llywydd cyntaf y mudiad, y ddiweddar Gwyneth Evans, ar achlysur pen-blwydd y mudiad yn bump ar hugain, am iddynt 'ffurfio cadwyn gref

62. Derbyn y 'Garmon',
    Awst 1983.

94

o Gymreictod a fyddai'n cryfhau ein diwylliant'; ymunodd ar y dechrau un â changen Moelfre a'r cylch, gan weithio dros y mudiad yn lleol ac yn genedlaethol, a hynny gyda'r tân ysol a losgai yn ei chalon ac â sêl genhadol, ddiwygiadol bron, i ennill eraill i'r gwersyll.

Gyda mudiad Merched y Wawr y dechreuodd hi deithio i'r cyfandir ar wyliau haf – cwmni 'hoff, cytûn' iddi hi. A hithau ar gyrraedd oed pensiwn aeth i Lydaw, a'r meini yn Carnac, fel y gellid disgwyl, yn ei 'hatgoffa o Feini'r Orsedd'. Y flwyddyn ganlynol, 1973, hedfanodd i wlad Groeg, gyda 120 o selogion eraill, a dotio at adfeilion ac allorau yr hen fyd. Bu yn Rhufain ddwywaith - 'Nid oedd yr wythnos a drefnwyd i deithio Rhufain yn ddigon o amser i hamddena uwchben y rhyfeddodau yno' - gan ffoli'n Fethodistaidd frwd ar Gadeirlan Pedr a cherflun y *Pieta*, a 'diolch am y fraint o gael bod yno i'w weld'.

Ond iddi hi, roedd yr ymweliad ag Israel yn 1979, i fwrw'r Pasg, yn 'bererindod, yn hytrach na thaith'. Y Parch. Cynwil Williams, Caerdydd, oedd Arweinydd y pererinion, a chafodd Elen Roger brofiadau, a ystyriai hi yn rhai ysbrydol dwfn, wrth iddynt ymweld â Bethlem a Chalfaria, 'ymlwybro gyda'r lluoedd o bob llwyth ac iaith ar hyd y *Via Dolorosa* a chanu 'Mae'r gwaed a redodd ar y groes' wrth Fryn Calfaria a Chymuno yn Eglwys yr Holl Genhedloedd: 'A ninnau tu mewn iddi, yn dawel ac yn

---

'I Wlad Groeg y bu'r daith nesa', cant ac ugain ohonom yn hedfan o faes awyr Caerdydd am Athen – profiad cymysg o syndod ac ofn i mi oedd hedfan am y tro cynta'. Cofiaf ryfeddu o weld copaon Yr Alpau islaw yn edrych fel marmor wrth i'r haul ddisgleirio arnynt. Wrth ymweld â Stadiwm Olympia yn Athen cawsom ein hatgoffa o'r chwaraeon byd-eang. Synnu wedyn at y gerfluniaeth wrth gerdded drwy adfeilion y Parthenon. Cawsom wefr arbennig o gael sefyll ynghanol Areopagus, gyda llais hyfryd merch o Feirion yn llefaru rhai o eiriau enwog Paul yno - "Ha Wŷr Atheniaid, mi a'ch gwelaf ymhob peth yn dra choel-grefyddol". 'Roedd theatr agored Epidawrus mewn cyflwr rhagorol er iddi gael ei hadeiladu yn y bedwaredd ganrif c.c. Deil 17,000 o bobl, a pherfformir hen ddramâu Groeg yno heddiw. Campwaith y cynllun yw fod llais yn cario i'r cyrion pella'. Roedd y merched awydd profi hynny, a gofynnwyd i mi lefaru pennill o gerdd. Dewisais eiriau Waldo –

Un funud fach cyn elo'r haul o'r wybren,
Un funud fwyn cyn delo'r hwyr i'w hynt,
I gofio am y pethau anghofiedig
Ar goll yn awr yn llwch yr amser gynt.

"Clywed bob gair", oedd y ddedfryd!

Allan o'i 'hatgofion'.

---

63. Elen Roger, a chyn-lywyddion rhanbarth Môn o Ferched y Wawr, yn dathlu pen-blwydd y mudiad yn 25 oed yn 1993.
*O'r chwith i'r dde:* Margaret Môn Griffiths, Jennie Rolant Jones, Jane Owen, Kathryn Robyns, Gwyneth Morus Jones, Menna Watkins, Mari Wyn Meredith, Ann Morgan, Elen Roger, Eirwen Roberts.

annisgwyl, daeth y Parchedig Cynwil Williams â bara a gwin o gwmpas, a chawsom gyfranogi o Swper yr Arglwydd mewn man cysegredig iawn.' Mae hi'n cloi ei 'hatgofion' am y bererindod wrth sôn am brofiad llawer nes i'r ddaear: 'Yn y gwres, roedd ymdrochi yn y Môr Marw yn dderbyniol iawn.' Yn 1980 aeth i Oberammergau a chyfri honno, eto, yn fwy o bererindod na gwibdaith.

Ac roedd un actores gyda ni – Elen Roger Jones – yn gwrando'n astud bob cam o'r daith, yn syllu ar y golygfeydd, ac yn rhyfeddu at bob modfedd o wlad yr addewid, gan droi'i swch (ymadrodd y De) a chau ei llygaid. Gwyddwn ei bod yn ymuno â ni wythnosau cyn i ni gychwyn ac anfonais gais ati, i fod yn barod i ddarllen stori atgyfodi Lasarus ym Methania. Mae'r bennod a roddais i'r actores o Fôn, Ioan 11, yn rhoi hanes marw disymwth Lasarus ar drothwy Pasg olaf Iesu o Nasareth. Egluro a wna ystyr y gosodiad: "Ynddo ef yr oedd bywyd".

Mae'n bennod faith, ond yn delynegol ac yn fwy dramatig na'r un bennod arall yn y Beibl. Roedd E.R.J. wedi cael gorchymyn i ddarllen adnodau 1-44. Roeddem oll wedi closio at y mur cerrig oedd yn rhedeg gydag ochr y llwybr, ac fel praidd Israel yn ymochel rhag yr haul. Dringodd Mrs E.R.J. i ben y wal, heb Feibl na phapur, a dechrau adrodd y stori. Roedd wedi rhoi'r cyfan ar ei chof. Agorodd gyda dwyster, a daeth dyfnder llyfn i'w llais. Edrychai i'r dde ac i'r chwith, gan syllu arnom oll yn ein tro, a chyfleu felly'r hyn a fynnai Ioan ei ddweud, bod y stori hon yn stori i ni i gyd, ac mae'n cynnwys pawb. Yna, dechreuodd ar y ddeialog. Roedd ganddi lais ffurfiol ar gyfer y negesydd o Fethania a fu'n chwilio Iesu: "Y mae dy gyfaill, Syr, yma'n wael." A hithau'n meddu ar lais a allai ostwng yn isel, ni châi drafferth i greu goslef llais y gwrywod yn y darn. Cododd ei llais fymryn i gyfleu anesmwythyd y deuddeg disgybl bod eu Meistr am fentro i fro'r gelynion a oedd am ei roi yn y ddalfa.

Yna, cododd ei llais, a rhoi iddo naws fenywaidd i gyfleu gwewyr a cherydd Martha: "Pe buasit ti yma, Syr, ni buasai fy mrawd wedi marw." Bellach, a'r Môr Marw yn gefndir iddi hi, a Merched y Wawr yn uniaethu'u hunain â Mair a Martha mor naturiol, roeddent oll yn clustfeinio, ac yn clywed, fel petai am y tro cyntaf, y geiriau a ddarllenwyd mor ddi-ddychymyg mewn angladdau droeon: "Myfi yw'r atgyfodiad a'r bywyd. Pwy bynnag sy'n credu ynof fi, er iddo farw, fe fydd byw; a phob un sy'n byw ac yn credu ynof fi, ni bydd marw byth. A wyt ti'n credu hyn?" Cododd ei llygaid fel petai'n edrych at lecyn yr Esgyniad gerllaw, a chaeodd hwy'n dynn. Gellid gweld bod y stori wedi'i gorchfygu'n llwyr. Roedd trydan y foment ym mhob saib, ac ym mhob cell o'i hwyneb a'i dwylo. Roedd y ffydd honno a ddaeth i Gymru, ac i Fôn, ac a bregethwyd mor rymus, wedi'i chludo'n ôl i Fethania, a llechwedd yr Olewydd yn clywed, yn y Gymraeg, y geiriau a lefarwyd yno ddwy fil o flynyddoedd ynghynt. "Myfi yw'r atgyfodiad a'r bywyd."

Ar ôl portreadu Martha drafferthus, dyma roi cynnig ar osod dagrau yn llygaid Mair deimladwy. Gyda chrac yn ei llais, a'r llais distaw yn awr yn chwilio am garreg ateb ymhlith y miloedd oedd o'n cwmpas: "Torrodd Iesu i wylo." A llawer o'i chyd-Gymry. Bu ysbaid arall, ochenaid, ac ysbaid eto cyn dod at y bedd, y bedd a welsom rai munudau ynghynt. Cyfleuwyd y drewdod oedd ynddo trwy grebachu'r trwyn, a chodi'r wefus ucha. Caeodd ei llygaid unwaith eto, ac wedyn, eu hagor fel dwy ffenestr fawr. Ac wedyn, agor ei cheg yn llydan, a rhoi gwaedd: "Lasarus, tyrd allan".

Ni ddeallodd yr Iddewes a'n tywysai air o'r hyn a lefarwyd, ond torri ar y mudandod trwy'n gwahodd i symud yn ddistaw at y ddau fws. Roedd Cymru wedi meddiannu Bethania y prynhawn hwnnw, a stori Bethania wedi gafaelyd yn E.R.J. ac ym mhob enaid wrth y mur.

Atgofion y Parch. Cynwil Williams, Caerdydd, am Elen Roger Jones a'i phererindod i wlad yr Iesu.

64. Calfaria, Pasg 1979. Parchedig Cynwil Williams, yr arweinydd, ar y blaen ar y dde; Elen Roger o flaen y trydydd piler.

## BWTHYN BODLONDEB

A hithau'n tynnu am ganol ei hwythdegau, cafodd Elen Roger drawiad bychan a amharodd ar ei symudiadau. Treuliodd gyfnod byr – a chyfnod byr arall yn ddiweddarach – yn Ysbyty Gwynedd. Yr un un oedd hi'n fan'no – yn driw i'r 'pethau' a heb arni unrhyw gywilydd o'i gwerthoedd: Meri, ei merch, yn sôn am gleifion y ward gyffredinol, i dorri ar undonedd y dydd, yn cyfnewid cylchgronau â'i gilydd – llafnesi ifanc yn pori yn *Chic* a *Girl About Town*, a'i mam yn cynnig copi o'r *Goleuad* iddyn nhw a rhifyn o'r *Wawr*! Go brin i'r naill na'r llall ohonynt ddarllen llenyddiaethau ei gilydd – serch yr ymdeimlad o ewyllys da. Wedi iddi griwtio digon, fe'i symudwyd yn ôl i ddaear Môn, i Ysbyty'r Druid am gwrs o ffisiotherapi i ystwytho'r cymalau, a daeth ati'i hun yn rhyfeddol ac i fwynhau bywyd bron fel o'r blaen.

Wedi'r ysgytwad, bu fymryn yn benisel am gyfnod, yn methu â dygymod â'r arafu chwyrn. Mae J. O. Roberts, yr actor – un oedd yn ei hadnabod mor dda, dros gynifer o flynyddoedd – yn cofio galw i'w gweld yn Ysbyty'r Druid yng nghyfnod ei neilltuaeth a darganfod, y pnawn hwnnw, fod y fflam wedi'i hail-gynnau a hithau â'i thraed yn ôl ar y cerrig llamu: 'John, mi rydw' i'n mynd i wella. Mi rydw' i'n dwad o 'ma.' Pan euthum i'w gweld, ychydig yn ddiweddarach – fel y cyfeiriais o'r blaen – a hithau'n ôl yn y Wylfa erbyn hynny, roedd y wyrth wedi digwydd, a hithau yn ei hafiaith yn dynwared pregethwyr ei phlentyndod ym Môn.

Yn 1995, a hithau erbyn hynny'n tynnu am ei hwythdeg saith, aeddfedodd yn raddol i'r syniad o adael y Wylfa a symud i fod yn nes at rai o'r teulu. Fel y mynegodd yn ei 'hatgofion', roedd o'n benderfyniad dirdynnol o anodd iddi ac yn gofyn am gryn ddewrder ar ei rhan: 'Er i mi fyw am flynyddoedd i ffwrdd o'r ardal, roedd y ffaith i mi gael fy ngeni a'm magu yno, yn Angorfa, wedi fy nghlymu'n dynn â'r Marian.' Ond nid tŷ i'w werthu i'r uchaf ei bris oedd y Wylfa – lle bu Gwilym a hithau mor

65. Bwthyn Bodlondeb, Meri Rhiannon a'r awdur yn trafod hynt y gyfrol.

ddedwydd dros flynyddoedd, gweddol hir, eu hymddeoliad. Roedd dychmygu am Saeson dienwaededig yn prynu'i chartref yn stwmp ar ei stumog. Serch mor ddwfn oedd y gwreiddiau, llwyddwyd i ddofi'r briw: 'Wedi'r penderfyniad anodd, roeddwn yn awyddus iawn i gael Cymry i fyw yn y Wylfa, a chefais fy nymuniad, wrth drosglwyddo'r tŷ i fod yn gartref i Ken a Sian Owen, Gruffydd a Heledd (a daeth Morfudd yn nes ymlaen); teulu a hoffais o'r funud y cwrddais â nhw am y tro cyntaf. Roedd gadael y Wylfa yn llai poenus.'

Go brin y byddai hi wedi medru ail wreiddio mewn colomendy o fflatiau henoed ym mherfedd dinas ond fe ddaeth i ddygymod â'r syniad o symud, gam neu ddau, i Fodlondeb, Talwrn – cartref Meri a Richard ei gŵr. Meddai: 'Caredigrwydd mawr ar ran y ddau oedd cynnig ymestyn rhan o'r tŷ, i wneud cartref i mi; a symudais i mewn i fwthyn Bodlondeb yn Ionawr 1996.' I'r rhai ohonom a gafodd fod ar aelwyd y 'bwthyn', roedd hi'n amlwg fod y trefniant yn un dedwydd – digon o libart i un annibynnol ei hysbryd gael anadlu ac agosrwydd teulu oedd yn barod i'w gwarchod ac estyn help llaw iddi pan oedd galw am hynny. 'Mae byw mewn cartref cymharol fach yn gallu bod yn fantais', meddai, ychydig cyn diwedd y daith, 'ceir mwy o amser i ddarllen, gwrando ar y radio a gwylio'r teledu.' Hanner y gwir oedd hynny. Roedd gweithgarwch diwylliannol Talwrn, unwaith eto, yn cynhesu ei chalon ac yn ei denu ato – y Cylch Meithrin, yr Urdd a'r Aelwyd, yr Eisteddfod Gadeiriol flynyddol, cyfarfodydd misol Merched y Wawr 'lle caf gwmni difyr bob amser', a chapel Nyth Clyd, achos y Presbyteriaid yn y pentref.

Un fantais o symud i'r Talwrn oedd fod Marian-glas a Llanallgo'n dal yn hwylus o agos. Gydag ewyllys da y teulu – ac roedd digon o hwnnw ar gael – a chymwynasgarwch cyfeillion, roedd hi'n bosibl iddi ymweld yn achlysurol â'r hen fro. Pan gyrhaeddodd ei phen-blwydd yn ddeg a phedwar ugain fe drefnwyd te parti, yn ddiarwybod iddi, yn yr Hen Ysgol gan aelodau Clwb y Marian – a sefydlwyd ganddi hi a'i phriod: Meri yn

Er i'w Môn weld estroniaith – yn wenwyn,
Er gwanned ei mamiaith,
O'i bodd, arhosodd yr iaith
Ar ei haelwyd yr eilwaith.

Tudur Dylan Jones

Englyn a gyflwynodd Ken a Sian i Elen Roger – er mawr foddhad iddi, mae'n sicr.

66. Dathlu'i phen-blwydd yn naw deg yng Nghlwb y Marian, Awst 1998.
*O'r chwith i'r dde:* Beryl Jones (chwaer yng nghyfraith), Meri Rhiannon (merch), Elen Roger, Edward Jones (Telynfab) a'r Parch. Emlyn Richards.

mynd â hi o fwriad ar siwrnai seithug, yn awgrymu galw yn y Marian i gael un cip arall ar yr Hen Ysgol, yn cael y drws yn agored, a hithau'n canfod y byrddau wedi'u hulio a chyfeillion lu yno i'w chyfarfod a'i helpu i ddathlu cyrraedd carreg filltir go arbennig yn ei hanes. 'Sgwn i be' ddeudodd hi? 'Sobrwydd mawr?' Neu a oedd hi, am unwaith – y wraig a oedd mewn cymaint cariad â geiriau – yn annisgwyl o fud.

> Llyw difeth ein Clwb dethol – a'i heulwen,
> Hawlia win ymddeol:
> Gado'i hysbryd hud ar ôl
> Wna saer y gair amserol.
>> Telynfab (Edward Jones)

Englyn a gyfansoddodd un o'r aelodau wrth iddi ffarwelio â Chlwb y Marian a symud i'r Talwrn.

# 5. PORTREADU

Chafodd William Griffith, tad Elen Roger, ddim byw – o ychydig fisoedd – i glywed y gân bop oedd i ddod yn boblogaidd iawn yn y theatrau cerdd cyn diwedd 1935:

> *Don't put your daughter on the stage, Mrs Worthington,*
> *Don't put your daughter on the stage . . .*

A phetai wedi cael byw, go brin y byddai wedi cytuno â'r cyngor. Yn wir, mae pob lle i gredu mai oddi wrth y tad, yn hytrach na'r fam, y daliodd Neli – a'i brawd enwocach, Hugh – y clefyd actio. Mae un peth yn sicr, o graffu ar hen luniau, mae'n amlwg mai o gyfeiriad y gangen honno yr etifeddwyd y llygaid gloywon, treiddgar, a fu'n gymaint ffortiwn i'r ddau. Fel 'Merch Wil Pob Llais' y cyfeiriwyd at Elen Roger yn y gyfrol *Minafon* a hi soniodd am y peth wrth yr awdur, Glyn Evans: 'Dywedodd Elen bod eu tad yn ddynwaredwr ac yn un da am ddweud stori. "Mi fydda' fo'n dweud straeon mor ddifyr fel y byddem ni blant eisiau iddo fo ailadrodd yr un stori drosodd a throsodd er ein bod ni'n gwybod yn union sut roedd hi'n gorffen. Un o ochrau Caergybi oedd o ac mi glywis i wedyn mai Wil Pob Llais oedd ei lysenw yno oherwydd ei ddawn dynwared".' Yn ôl yr 'atgofion', fe ddaliodd y tri phlentyn y clwyf: 'Wedi blino ar hynny [chwarae dal a chwarae cuddio ar y Marian] y ffefryn oedd chwarae "Pwy ydw' i rŵan?"; un ohonom yn dynwared, a'r ddau arall am y cyntaf i ddyfalu. Ers pan oedd yn ddim o beth, roedd Huw yn hoffi dynwared ac yn llawn o ddireidi diniwed wrth wneud hynny. Hiwmor tawel oedd gan Siarlot – hithau hefyd yn dda am ddynwared – a byddwn innau wrth fy modd pan ddeuai fy nhro.' Beth bynnag am y 'Mrs Worthington' honno, yng nghân Noel Coward, fe gafodd Mrs Mary Griffith, Angorfa, fyw i weld ei merch a'i mab ar y stêj.

Fel yr awgryma yn ei 'hatgofion', gweld dramâu cynnar yn cael eu perfformio ar lwyfan cyfyng ac yn awyrgylch fwll yr Hen Ysgol roddodd iddi'r cariad cyntaf at y theatr. Yn ystod ei thymor fel athrawes yn ei hen ysgol yn Llanallgo, aeth ati i gynhyrchu drama am y waith gyntaf a dyna, yn ôl ei haddefiad ei hun, y tro cyntaf iddi actio'n gyhoeddus ar lwyfan. Roedd hi wedi gweld drama i ferched o'r enw *Gwifrau'r Gyfraith* – cyfieithiad o ddrama Saesneg gan Ronald Gow – yn cael ei pherfformio yn yr Eisteddfod Genedlaethol, ac aeth ati i roi ail bobiad ohoni ar lwyfan yr Hen Ysgol. Newydd-deb y ddrama honno oedd wedi apelio ati: 'Yn wahanol i'r olygfa cegin arferol, mae popeth yn digwydd mewn siop bentref, sydd hefyd yn swyddfa bost . . . Cymerais ran Mrs George – cymdoges fusneslyd – a chael blas.' Dros y trigain mlynedd nesaf, 'doedd neb na dim, na phrinder amser na phellter teithio, yn mynd i ferfeiddio'r blas hwnnw at y ddrama a'r theatr.

## LLAIS AR YR AWYR

Mae hi'n arfer gan ddiddanwyr, a lwyddodd i daro deuddeg, ddyddio'u llwyddiant wrth ryw gyfarfyddiad ffodus neu gyfle annisgwyl a ddaeth ar draws eu llwybr a'u hyrddio ar eu taith. Yn nyddiau Rhuthun y daeth siawns felly ar draws llwybr Elen Roger, ac roedd hi bob amser yn barod iawn i gydnabod hynny. Emrys Cleaver, un a fu'n weinidog yn Nyffryn Clwyd ond a oedd erbyn hynny â'i droed yng ngwersyll y B.B.C., fu'n gyfrifol am ei thaflu i'r llyn, fel yr eglurodd hi yn *Pais*: 'Wrth fy ngweld yn weithgar gyda dramâu'r Capel a'r Gymdeithas Gymraeg anogodd fi i ofyn am gyfweliad gyda'r B.B.C. ym Mangor. Bûm yn llwyddiannus . . .' 'Roedd hyn,' meddai yn ei 'hatgofion', 'fel agor ffenestri newydd – dod i adnabod actorion a mwynhau eu cwmni, a chael gwneud rhywbeth wrth fy modd.' (Er na ddaru hi'i hun nodi hynny, mae'n bosibl i'r ffaith ei bod hi'n chwaer i Hugh Griffith – yn gyw o frid, fel petai – fod yn gymorth iddi gael ei throed i mewn.) O dipyn i beth, daeth yn llais cyfarwydd i wrandawyr rhaglenni Cymraeg ar y radio a'r enw 'Neli Griffith', fel y nodwyd, yn troi i fod yn 'Elen Roger Jones'.

Mae'r rhestr faith o raglenni radio y cafodd Elen Roger gytundebau amdanynt yn awgrymu mai ar nos Fawrth, 18 Rhagfyr 1956, y

Mi glywodd 'Nhad bod 'na ryw gwmni drama Saesneg wedi trefnu rhai o nofelau'r dydd – *East Lynne* a *The Hunch-back of Notre Dame*, er enghraifft, a'u trefnu nhw i lwyfan a bod nhw'n dwad â rheini i Hen Ysgol Marian-glas 'ma. Rŵan ro'n i'n hen hogan bach – adag Rhyfal Byd Cynta' oedd hi – siŵr 'mod i'n rhyw chwech i saith oed a mynd yn llaw 'Nhad. 'Nhad yn deud faswn i'n ca'l mynd hefo fo. A wna' i byth anghofio. Wna' i byth anghofio, gweld y dyn bach 'ma a chrwbi ar 'i gefn – a thosturio wrtho fo. A geneth hardd, a fasa fo'n lecio ca'l honno'n gariad. Pa obaith o'dd gynno fo? A mi roth waedd - "Esmerelda"! Mi fuo'r waedd yna yn y nghlustiau i, am wn i nag ydi hi yno o hyd. Dyna'r peth mwya dirdynnol a glywais i 'rioed. Gwasgu llaw 'Nhad; 'Nhad yn deud 'mod i wedi gwasgu 'i law o, a methu cysgu'r noson honno. Dyna'r actio cynta' i mi weld – yn yr Hen Ysgol.

Dyna fel yr adroddodd hi'r hanes ar y rhaglen *Portread* yn 1997 a gwneud hynny gyda'i hafiaith arferol.

darlledodd hi am y waith gyntaf, ond bu'n darlledu cyn hynny. *Awr y Plant* oedd y rhaglen honno, ar y *Welsh Home Service*, gydag Evelyn Williams yn cyfarwyddo, a hithau'n actio 'Sioned' yn y *Fodrwy Saffir* – addasiad Myfanwy Howell o'r nofel *Esyllt*, o waith Elizabeth Watkin Jones. Ymhlith ei chyd actorion y noson honno, roedd yna rai a ddaeth yn enwau cyfarwydd ym myd radio, ac ar y teledu, yn nes ymlaen: darlledwyr fel Nesta Harries, Sheila Hugh Jones, Dic Huws, Ieuan Rhys Willams ac Emrys Cleaver ei hun. Rhwng canol y pumdegau a dechrau'r nawdegau, cyfnod o dros ddeng mlynedd ar hugain, roedd hithau i ddarlledu'n bur gyson a dod yn 'enw' adnabyddus ddigon.

Fel y cyfaddefodd John Gwilym Jones yn *Babi Sam*, cyfrol a gyhoeddwyd ar achlysur dathlu hanner can mlynedd o ddarlledu o Fangor, roedd tuedd i gynhyrchwyr (ac roedd o yn un ohonynt ar y pryd) ddefnyddio'r 'un hen leisiau', am eu bod yn rhai 'y gellid dibynnu arnynt' i wneud y gwaith yn gyflym a didramgwydd. Actores ddibynadwy felly oedd Elen Roger, yn ôl Nesta Harries – un a fu'n cydweithio â hi ar y radio am flynyddoedd meithion: 'Y peth mawr hefo hi oedd ei hamseru; fedrach chi byth gael neb gwell hefo amseru.' Felly, unwaith roedd actor wedi cael ei droed dros riniog Bryn Meirion, pencadlys y B.B.C. ym Mangor, a'i sefydlu'i hun, a bod ei berfformiad a'i wyneb yn dderbyniol, roedd yna bob gobaith iddo fedru cadw'i le a chael addewid am ragor o waith. 'Doedd Elen Roger ddim yn un i wenieithio i neb er mwyn pluo'i nyth ei hun – i'r gwrthwyneb yn wir – ond roedd ganddi, mae'n debyg, lle roedd darlledu yn y cwestiwn, y ddawn brin i gael 'y peth yn iawn' ar yr olwg gyntaf, bron, yn ogystal â'r gallu i leisio gwahanol gymeriadau yn gredadwy a diddorol.

Pan ddechreuodd hi ar y gwaith, roedd dramâu'n cael eu darlledu o Neuadd y Penrhyn ym Mangor, yn 'fyw' a heb doriad: 'Cofiaf fel y byddwn ar ôl rhaglen fyw, yn mynd i'r ciosg y tu allan i'r Neuadd i ffonio Mam, a holi sut oedd pethau wedi mynd. Yna, ar ôl gair o galondid, yn cychwyn y siwrnai yn ôl i Ruthun.' Yn y dyddiau cynnar hynny, roedd disgwyl i actor, ambell dro, gynhyrchu rhai o'r synau yn ogystal â dal a darllen sgript – er enghraifft, siarad i fwced i gyfleu eco, neu hyd yn oed daro dau hanner cneuen goco yn erbyn ei gilydd i gyfleu ceffyl yn carlamu i'r gorllewin gwyllt. 'Dwn i ddim a fu'n ofynnol i Elen Roger wneud giamocs felly ai peidio.

*Awr y Plant* a rhaglenni i ysgolion oedd y ffon fara ar y dechrau, ond o ddiwedd 1957 ymlaen daeth i gymryd rhan mewn ugeiniau lawer o ddramâu a rhaglenni nodwedd o bob math. O edrych dros y rhestr cytundebau, ymddengys i mi ei bod hi'n ddigon parod i gymryd rhan mewn unrhyw raglen lle roedd yna fwlch ar ei chyfer. Nid fod radio yn y cyfnod hwnnw yn benthyg ei hun i fawr ddim byd a ystyrid yn amheus. Ond o'i hadnabod, fe dybiwn iddi gael mwy o flas yn actio cymeriadau rhai o'r nofelau clasurol a addaswyd – gweithiau Daniel Owen, Gwyneth Vaughan neu Islwyn Ffowc Elis, i roi rhai enghreifftiau – nag ar gyfres o raglenni am *Wil Cwac Cwac* a'i ffrindiau, dyweder, a ddarlledwyd yn nechrau'r chwedegau!

Dros y blynyddoedd, bu'n actio mewn ambell ddrama Saesneg ar yr awyr. Er enghraifft, yn Ebrill 1962, bu'n chwarae rhan 'Mam' mewn drama o'r enw *The Mountain* gan John Griffith, oedd yn addasiad ar gyfer radio o'r ddrama Gymraeg gyntaf i'w hysgrifennu'n arbennig ar gyfer teledu. Cyn dyfodiad y teledu o leiaf, bu'n un o wrandawyr selog y *Saturday Night Theatre* ar y radio, ac ym Mehefin 1981 cafodd ran yn y rhaglen enwog honno, mewn drama o'r enw *A Winter in the Hills* – a hynny, mae'n debyg, am fod ganddi acen Saesneg a oedd yn ddigon Cymreig.

Roedd gan Elen Roger gariad dwfn iawn at radio fel cyfrwng, nid yn unig i weithio drwyddo ond i wrando arno'n ogystal. Fe'i gwelodd yn datblygu. Yn ei blynyddoedd olaf, cafodd fwyniant rhyfeddol yn gwrando ar raglenni Cymraeg ar *Radio Cymru* yng nghlydwch Bwthyn Bodlondeb. Bu'r gwrando hwnnw, ar lawer cyfri, yn help i gadw'i meddwl yn effro a chadw ei diddordebau'n fyw. Ni byddai'n fyr, ychwaith, o ymateb i'r hyn a glywai dros yr awyr gan anfon gair o ganmoliaeth at gyfranwyr oedd wedi'i phlesio neu air o feirniadaeth at gynhyrchwyr oedd wedi ei thramgwyddo.

## PRESENOLDEB AR LWYFAN

Fel rhyw impresario y bydda' i'n meddwl am Elen Roger yn nhermau theatr. Roedd ei gweld a'i chlywed yn cynhyrchu drama yn ddrama ynddo'i hun. Gyda sêl ei bendith fe ffurfiwyd *Cymdeithas y Gronyn Gwenith*, yn gysylltiol â Theatr Seilo yng Nghaernarfon, gyda'r bwriad o lwyfannu pasiant blynyddol i ddathlu ein treftadaeth, yn grefyddol a diwylliannol. Roedd briff o'r fath at ei dant. Fel y mynegodd hi yn ei 'hatgofion', roedd hi'n ymhyfrydu yn llwyddiant y Gymdeithas yn medru denu heb fod ymhell o ddwy fil o bobl i'r theatr yn flynyddol a chadw'i chynulleidfa am yn agos i chwarter canrif.

Gyda'i diddordeb byw mewn hen wisgoedd, a chariad at hanes a rhamant, roedd llwyfannu pasiant yn apelio'n fawr ati. Yn wahanol i ddrama lwyfan, mae pasiant yn ddathliad hefyd, yn fath o arddangosfa theatrig sy'n galw, yn amlach na pheidio, am liw a cherddoriaeth, golygfeydd torfol a chryn dipyn o gyffro neu rialtwch i gyfleu cyfnod neu ddigwyddiadau arbennig mewn hanes.

Yn nyddiau Amlwch, cynhyrchodd basiant i ddathlu hanner can

67. Elen Roger a'r tîm gynhyrchodd *Ieuan Gwyllt,* pasiant cyntaf Theatr Seilo,
    Gwanwyn 1977.
*Rhes gefn, o'r chwith i'r dde:* Alwyn Evans, T. Vaughan Jones, Gwyneth Owen, Gordon Lloyd,
Emyr Owen.
*Rhes flaen:* Katie Jones, Nell Griffith, Elen Roger, Helen Jones, Neli Prytherch.

mlynedd Sefydliad y Merched Môn – roedd hynny cyn i'r mudiad a hithau
godi dyrnau ar ei gilydd. Pan ymwelodd Cymanfa Gyffredinol y
Methodistiaid (arch elyn y ddrama ganrif ynghynt, fel y cyfeiriwyd) â
Moreia, Llangefni, yn 1969, cynhyrchodd basiant yn dathlu dyfodiad
Cristnogaeth i Fôn gan gael pobl ifanc o bob cwr o'r ynys i gymryd rhan
ynddo. Yna, yn Ebrill 1976, cynhyrchodd basiant lliwgar o'r enw *Dirion Dir*
*– golygfeydd o hanes Môn,* a ysgrifennwyd gan yr hanesydd Helen Ramage ac
a lwyfannwyd gan aelodau o ganghennau Merched y Wawr, gyda'r elw at
Eisteddfod yr Urdd oedd i'w chynnal ym Mhorthaethwy. Pan ddaeth yr
Eisteddfod honno i'r Borth, ychydig fisoedd yn ddiweddarach, hi a'i merch,
Meri, oedd yn gyfrifol am basiant plant ysgolion cynradd y Sir;
cynhyrchodd basiant mawr, lliwgar arall ar achlysur ymweliad yr
Eisteddfod Genedlaethol â Môn yn 1983. Mae pori trwy adolygiadau y
gwahanol bapurau newydd, a gwrando atgofion hwn ac arall, yn profi fel y
bu i'r pum pasiant, fel ei gilydd, fod yn gryn lwyddiant. Ond mae'r hyn a
gofnododd hi yn ei 'hatgofion' yn dangos fel y bu iddi hithau gael llawn
cymaint o bleser yn eu llwyfannu ag a gafodd y cynulleidfaoedd mawrion
a ddaeth i wylio'r perfformiadau hynny.

I ddychwelyd at Theatr Seilo, synnwn i ddim nad oedd y syniad o theatr gyfoes yng nghlwm wrth gapel Methodus yn pigo'i dychymyg. Wedi i ni ddechrau teimlo'n draed, a hithau wedi gadael, arhosodd yn gefn i'r Gymdeithas gydol y blynyddoedd gan ddod i wylio'r perfformiad blynyddol yn ddeddfol, gyson, hyd nes iddi fynd i fethu. Fe neilltuid sedd arbennig yn y theatr ar ei chyfer, mewn man strategol. Mae impresario'n disgwyl hynny! Diddorol fyddai'i gwylio, o ddiogelwch y stafell reoli yn y nefolion-leoedd, yn ei dau-ddwbl braidd, yn yfed pob diferyn o'r pasiant; yn nodio'i phen yn gefnogol, os oedd y chwarae wrth ei bodd, ond yn ei ysgwyd mewn mawr dristwch pan fyddai rheolau yn cael eu torri. Ar ddiwedd y perfformiad hwnnw, fe lusgai pob actor a chynhyrchydd, pobl sain a golau, rheolwyr llwyfan a meistresi'r gwisgoedd, yn ôl i'r llwyfan – fel defaid i'r lladdfa – i ddisgwyl y *post mortem*. Cyn bo hir fe gamai hithau drwy'r llenni i'r llwyfan – ond gwae i neb arall wneud hynny.

Canmol y byddai hi'n ddi-feth, os na fyddai rhyw danchwa fawr wedi digwydd. Ychydig o wyngalch i ddechrau: 'Mi 'neuthoch yn wyrthiol, do wir. Pwy f'asa'n meddwl? . . . Pwy o'dd yn actio . . .?' Y llygaid barcud yn disgyn arno fo, neu hi, 'Y chi 'te, 'ngwasi? Mi 'neuthoch waith ardderchog.

68. Anrhydedd haeddiannol – gyda Helen Ramage a Tony Jones wedi'r pasiant *Dirion Dir*, Ebrill 1976.

A Miss Owen, 'nghariad i, [Miss Gwyneth Owen, meistres y gwisgoedd oedd honno] ro'dd y gwisgoedd yn ddigon o ryfeddod.' A'r eiliad honno, roedd holl lafur a chostau hurio'r dilladau yn werth pob ceiniog, a'r oriau diddiwedd o bwytho a smwddio yn troi'n bleser.

Yna, fe giliai'r wên ac fe ddeuai'r cuwch i'r wyneb, 'Mae'n rhaid i mi ga'l deud hyn. 'Dwn i ddim sut i' ddeud o 'chwaith . . .' Y llygaid llymion yn chwilio'r llwyfan cyn eu serio ar actor neu actores oedd wedi cymhlethu

---

Mae'n arferol yn ystod yr Eisteddfod Genedlaethol i Ferched y Wawr y Sir y cynhelir yr Eisteddfod ynddi, drefnu rhaglen i'w chyflwyno yn ystod yr wythnos. I'm rhan i y daeth y fraint o drefnu rhaglen pan ddaeth yr Eisteddfod i Fôn yn 1983, a thybiais mai addas fyddai cyflwyno peth o hanes a chyfraniad rhai o ferched hynod Môn trwy gyfrwng Pasiant. Mae'r rhaglen o fy mlaen – dyma'r merched a gafodd sylw – Branwen o'r Mabinogi, Siwan, priod Llywelyn Fawr, Margiad Morus, mam y Morusiaid enwog a'i chysylltiad â Goronwy Owen, Cadi Rondol, Mynydd Parys – a'i chysylltiad â Methodistiaeth cynnar Môn, Frances Williams, cychwynnydd Badau Achub, Buddug o Gaergybi a ysgrifennodd y gân "O na byddai'n haf o hyd". Merched medrus Niwbwrch, crefftwyr yn gwneud basgedi gyda hesg lleol, Helen Rowlands, - cenhades hynod weithgar allan yn yr India. Roeddem yn ffortunus fod dwy gantores swynol iawn ymhlith yr aelodau a chawsom ddatganiadau ganddynt yn ystod y rhaglen o Alawon Gwerin Môn – fel *Y Gelynnen, Titrwm Tatrwm, Cŵyn Mam yng nghyfraith, Un o fy mrodyr.* Cefais fwynhad mawr yn cydweithio'n hapus â'r canghennau i gyd ac 'roedd y derbyniad yn un gwerthfawrogol iawn . . .

Pasiant arall sy'n glir yn fy meddwl yw'r un a gynhaliwyd yng Nghapel Moreia, Llangefni, ar achlysur ymweliad Cymanfa Gyffredinol y Presbyteriaid. Cefais gais i gael pobl ifanc Capeli'r Sir i gyflwyno Pasiant. Ymwelais â'r oll o'r Eglwysi a chael ymateb da. Thema'r Pasiant oedd "Dyfodiad Cristnogaeth i Fôn". Y Seintiau cynnar gafodd y sylw yn yr olygfa gynta' – plant yn cario croesau gwynion yn cerdded yn ddefosiynol drwy'r sêt fawr, a'r seintiau'n cael eu henwi. Rhaid ymatal rhag manylu gormod, ond rhaid cyfaddef i mi fod braidd yn feiddgar – mentro trefnu actio yn y sêt fawr! Yn lle sôn am William Pritchard Clwch-dernog, yr arloeswr o Arfon, a ddioddefodd wawd a gwatwar ac erledigaeth, gofynnais i Gwyn Jones ei gymeriadu a dweud yr hanes. Felly y bu hi hefyd gyda chyfraniad arbennig Cadi Rondol, Mynydd Parys i Fethodistiaeth cynnar Môn, a bortreadwyd gan Anwen Jones.

I ddwyn i gof gyfraniad hynod y ferch o Borthaethwy a aeth allan yn Genhades weithgar iawn yn India, cefais ferched ifanc o'r Capel wedi eu gwisgo mewn gwisgoedd fel Indiaid yn trafod â'i gilydd ddylanwad Helen Rowlands arnynt. Cafwyd nifer o bobl ifanc gydag offerynnau yn cyflwyno Neges yr Efengyl mewn dulliau modern. Caf wefr o hyd wrth gofio'r diweddglo – y gynulleidfa enfawr (Moreia dan ei sang) yn sefyll i ganu'r Emyn, "Diolch i Ti yr Hollalluog Dduw am yr Efengyl Sanctaidd."

Allan o'r 'atgofion'.

pethau i bawb arall. 'Rŵan, y chi. 'Dw i ddim yn cofio'ch enw chi 'chwaith? Ond dyna fo, ma' gynnoch chi'r amsar. Mi fedrwch gywiro'r peth erbyn nos fory.'

Mae yna gynhyrchwyr sydd wedi gweithio pob symudiad disgwyliedig ymlaen llaw, yn fathemategol gywir, i'r fodfedd union, ond yn ôl fy adnabyddiaeth i, adeiladu'r cyfanwaith wrth fynd ymlaen y byddai Elen Roger. A chynhyrchydd aflonydd iawn oedd hi ar ben hynny, yn eistedd ac yn codi, yn cerdded o'r awditoriwm i'r llwyfan ac yn ôl drachefn, yn gollwng gafael yn ei sgript i dynnu crib o'i gwallt, i sgubo ryw gudyn afradlon a'i roi'n ôl yn ei le:

'Welodd rywun fy sbectol i yn r'wla . . . ?'

''Dach chi 'rioed wedi ista arni?'

A phan ddeuai'r perfformiad, a 'llygaid y cyhoedd arno ni', chwedl hithau, roedd y cynhyrchydd yn fwy aflonydd fyth.

'Welsoch chi hwnna rŵan? Pwy ydi o deudwch? Thâl hyn ddim.'

Yna newid gwedd a thôn llais, 'Welsoch chi'r cameo bach 'na rŵan? 'Doedd o'n ddigon o ryfeddod.'

'Does neb, hyd y gwn i, wedi datgan yn Galfinaidd bendant, lle'n union mae'r ffin anweledig honno rhwng yr amatur a'r proffesiynol, ond lle roedd cydnabod talent a dawn yn y cwestiwn, 'hen linell bell nad yw'n bod' oedd hi i Elen Roger. Roedd hi'i hun, wrth gwrs, yn broffesiynol ei hagwedd at y llwyfan, ac fel yr âi'r blynyddoedd ymlaen fe'i cyfrifid yn actores broffesiynol wrth grefft. Ond fel cynhyrchydd, gyda chwmnïau amatur y bu'n llafurio, ond fe ddisgwyliai i'r actorion hynny ymddwyn a pherfformio mor broffesiynol â phosibl. Fel y gwelwyd, roedd hi'n sgut am godi cwmni drama amatur lle bynnag roedd hi'n cartrefu, a hynny dros nos.

Asgwrn cynnen, ambell dro, fyddai amharodrwydd actorion o'r fath i ddysgu'u llinellau mewn da bryd: 'Ylwch, fedrwch chi ddim actio â sgript yn ych llaw, fel ci wrth tsaen. Ma' rhaid i actor ga'l rhyddid. Dysgwch ych llinellau, bendith tad i chi.' Mae gen i gof am sgôl o'r fath yn nyddiau cynnar Cymdeithas y Gronyn Gwenith. Ffarmwr prysur iawn oedd y diweddar Robert Jones, Hendy, 'yn gorwedd gyda'r hwyr ac yn codi gyda'r wawr', wedi'i gonsgriptio i fod yn ecstra a llefaru rhyw ddwsin o linellau, ond roedd ei fab, Aled – bachgen ysgol ar y pryd – yn chwarae'r prif gymeriad ac yn gwybod ei waith yn drwyadl o'r ymarferion cyntaf ymlaen.

'Be' ydi enw'r dyn deudwch?' (Gyda chast o dros hanner cant mewn pasiant roedd hi'n anodd iawn rhoi enw i bob wyneb.)

'Robat Jones.'

'Ydi o'n dad llawn i'r hogyn 'na?'

'M . . . ydi.'

'Wel sobrwydd mawr!' Yna, codi'i llais, a'i gyfeirio at y llwyfan. 'Robat Jones, 'ngwasi, wyddoch chi be' ydi c'wilydd?'

'Sut?'

'Wyddoch chi be' ydi c'wilydd? Yr hogyn ardderchog 'ma s'gynnoch chi, wedi dysgu pob llinell. Deuddag lein s'gynnoch chi i gyd. Dysgwch nhw! Bendith tad i chi.'

Roedd Elen Roger wedi syrthio mewn cariad â'r Theatr Fach yn Llangefni cyn iddi adael Abersoch a dychwelyd i Fôn. Aeth yno am y waith gyntaf, nos Sadwrn Eisteddfod Genedlaethol Llangefni, yn 1957, i wylio drama fydryddol o waith George Fisher, *Merch yw Medwsa*, ac yntau'n cynhyrchu: 'Yr oedd y tywydd yn erchyll, a chofiaf yn glir gamu ohono i groeso y *foyer* glyd cyn cael fy nhywys i sêt hynod o gyfforddus. Dotiais ar y llwyfannu graenus – gyda'r cynllun golau a sain mor broffesiynol. Synnais yn fawr gael, yng nghanol Môn, debygrwydd i theatr yn Llundain. Ymunais fel aelod y noson honno, gan deithio o Abersoch i weld pob perfformiad.'

Wedi mudo'n ôl i Fôn, roedd y daith honno'n fyrrach ac fe ddyfnhaodd ei chariad hithau at y lle. 'Tad ysbrydol' y Theatr Fach, chwedl Elen Roger, oedd George Fisher – athro ffiseg yn Ysgol Gyfun Llangefni o ran galwedigaeth ond dramodydd o ran anian, un a feistrolodd y Gymraeg yn drylwyr gan ddod i'w charu'n fawr. Yn nechrau'r pumdegau, aeth Fisher ac aelodau Cymdeithas Ddrama Llangefni ati i droi stablau a sguboriau

---

Roedd Elen Roger yn ymwybodol o'r tyndra a fu rhwng Anghydffurfiaeth – traddodiad roedd ganddi gymaint o barch tuag ato – a'r ddrama Gymraeg yn y bedwaredd ganrif ar bymtheg, ac fel y bu i Sasiwn Fethodistaidd a gynhaliwyd yng Nghorwen yn 1887 apelio at y capeli i 'anwybyddu perfformiadau dramatig o bob math' – serch fod rhai fel yr enwog Owen Thomas, 'Pregethwr y Bobl' fel y'i gelwid, yn ymarfer y grefft yn wythnosol ac yn amlach na hynny. Meddai yn ei chyfweliad ar gyfer y rhaglen *Portread*: "Dw i wedi cael oes o foddhad wrth actio ond 'dydw i erioed wedi anghofio bod actio'n rh'wbath roedd yr hen bobol ers talwm yn amheus iawn ohono fo. A deud y gwir, roedd Mam yn deud wrtha' i eu bod nhw yn erbyn ca'l organ mewn capal yn y

dechrau. Yr un teimlad oedd yr actio . . . Roedd y diafol yn yr organ ac mi oedd y diafol yn medru dwad yn aml iawn ynglŷn â drama, 'dach chi'n gweld. Ma'n rhaid i mi ddeud, mi oedd isio bod yn reit ofalus. Mi fedra i ddeall r'wsut pam oedd rhai'n teimlo felly, a deud y gwir.'

[Ond erbyn blynyddoedd plentyndod Elen Roger yn festrïoedd y capeli y cynhelid llawer iawn o'r dramâu – a'r Methodistiaid, yn annisgwyl iawn, ar y blaen yn hyn o beth – o dan gochl codi arian at achosion da neu hyrwyddo'r Achos mawr, fel y dangosodd D. Tecwyn Lloyd mewn erthygl hynod o ddiddorol yn rhifyn Gwanwyn/Haf 1973 o *Llwyfan*, cylchgrawn Theatr Cymru.]

69. Fel 'Mali Owen' yn *Beddau'r Proffwydi*, Theatr Fach, 1981, gyda 'llais a llygaid cyw o frid llwyfannog' yn ôl adolygiad *Y Faner* ar y pryd.

gweigion ar dir hen blasty Pencraig – tir a oedd yn eiddo i Gyngor Dosbarth Dinesig Llangefni – yn Theatr fechan; bechan iawn ar y dechrau gyda lle i ddim ond 63 eistedd ynddi. A George Fisher, wedi clywed am ei doniau a sylwi ar ei sêl, ofynnodd iddi actio a chynhyrchu yno, a bu hithau wrth y gwaith hwnnw o hynny ymlaen am gyfnod o ddeugain mlynedd gan ddod yn fath o 'enaid' i'r lle.

111

Mae'n amhosibl trafod ei holl weithgarwch ynglŷn â'r lle, ond yn ei 'hatgofion' mae'n cyfeirio'n benodol at ambell berfformiad a adawodd argraff arni. Un o'r troeon cyntaf iddi actio ar lwyfan y Theatr Fach oedd yn niwedd Rhagfyr 1960 a hynny mewn drama o'r enw *John Gabriel Borkman*, gwaith Ibsen, wedi'i chyfieithu i'r Gymraeg am y waith gyntaf, yn arbennig ar gyfer Cymdeithas Ddrama Llangefni, gan Glyndwr Thomas. Y diweddar Barch. Hugh Pierce Jones – un a wnaeth lawer i hyrwyddo drama ym Môn, ac ym Mhwllheli wedi hynny – oedd yn chwarae rhan Borkman, cyngyfarwyddwr banc, ac Elen Roger yn actio rhan Gunhild, ei wraig. Y cynhyrchydd oedd Emyr Jones. Roedd cyflwyno drama o'r fath, sy'n trafod chwyldro cymdeithasol a thynged dyn, yn gryn her i'r actorion; mae

---

'Yn y Theatr y cwrddais â hi gyntaf ac yn y Theatr y gwelais hi am y tro olaf. Rhwng *Dedwydd Briodas* ac *Ar y Groesffordd* a defnyddio iaith y theatr o dreiglad amser. Roedd Theatr Fach wedi chwarae rhan ym mywyd Elen am flynyddoedd cyn i mi ymuno â'r gweithgareddau a chafodd ddylanwad mawr, gydag eraill, yn sefydlu'r Theatr. Oedd, roedd ganddi ei daliadau, cryf iawn ar adegau, ac os byddai penderfyniadau'r Pwyllgor Gwaith yn mynd yn groes i'w hegwyddorion weithiau, nid oedd ei hymroddiad i'r Theatr ddim llai; mwy os rhywbeth.

Chwith meddwl na chawn ei gweld eto "yn y cefn" ar ôl perfformiad. Byth eto glywed ei geiriau caredig a chanmoliaethus – "Da iawn chi hogia", "Pwy ydi'r hogan bach yma, 'dwch?" "Tydi ddim yn ddrama dda ond mi gafoch y gora ohoni", "Eistedda' i yn fan yna i gael sgwrs nes daw Meri i fy nôl i." "Un o lle wyt ti, ngwas i?" "Da iawn chdi".

Gydag ymroddiad am bron i hanner canrif i'r Theatr, bydd ei chymeriadu mewn drama fel *Y Meddyg Esgyrn*, *Cwch heb Bysgotwr*, *Tros y Ffordd* a *Dwy Frân Ddu* ond i enwi ychydig yn aros yn hir yn y cof.

Nid Theatr Fach oedd ei hunig lwyfan o bell ffordd. Roedd yn adnabyddus trwy Gymru gyfan yn y byd proffesiynol ond gadawaf hynny i eraill dystio o'i medrusrwydd yn y maes hwnnw.

Fyddai Elen byth yn colli'r cyfle o gyfeirio at y Theatr mewn cyfweliad ar y radio, y teledu neu yn y wasg. Oedd, roedd Theatr Fach yn agos iawn at ei chalon ac, ar ôl "gostwng y llen" ar gyfraniad amhrisiadwy, bydd atgofion melys amdani yn aros yn hir iawn. Cofiaf yn dda ei geiriau y tro olaf i mi fod yn siarad â hi ar y ffôn ar ôl iddi fod yn y Theatr am y tro olaf yng nghanol Chwefror - "Mae'r hen le'n werth ei gadw i fynd, hen le go lew ydi o chi".

Peidiwch â phoeni, Elen, mi wnawn ein gorau, o gwnawn. Braint i ni i gyd oedd cael ei hadnabod.'

Sylwadau Tony Jones, cyn-Gadeirydd y Theatr Fach, yn rhifyn Mai o'r *Glorian*. Ymddangosodd yr un sylwadau yng Nghylchlythyr y Theatr Fach ac fe'u traddodwyd o lwyfan Theatr y Maes yn ystod y Rhaglen Deyrnged. Meddai Elen Roger yn rhifyn Mawrth 1999 o'r un papur: 'Ers blynyddoedd bellach mae Tony Jones a'i briod, Audrey, wedi ysgwyddo llawer am gyfrifoldeb y Theatr ac hefyd wedi symbylu nifer o weithwyr newydd. Mae'n dyled yn drom iddynt.'

70. Elen Roger a Wenna Williams yn *Cwch Heb Bysgotwr*, yn y Theatr Fach, 1980.

adolygiadau ar y perfformiadau hynny yn awgrymu i Elen Roger wynebu'r her honno'n llwyddiannus a rhoi perfformiad credadwy. Perfformiwyd drama arall o waith Ibsen, *Tŷ Dol*, wyth mlynedd yn ddiweddarach, a hithau'n actio rhan Anna, y 'famaeth' - rhan oedd yn siŵr o fod at ei dant.

Drama arall y bu'n actio ynddi, ac yn ei chynhyrchu y tro hwn, oedd *Awel Gref*, sef cyfieithiad J. Ellis Williams o ddrama enwog Emlyn Williams, *The Wind of Heaven*. Roedd y ddrama wreiddiol wedi'i pherfformio am y waith gyntaf yn Llundain, ugain mlynedd ynghynt, ac Emlyn Williams ei hun yn cymryd rhan ynddi. O ran cynnwys, yn sicr roedd hi'n ddrama a oedd yn apelio ati: yn portreadu ymateb trigolion Blestyn yn 1856, ar ddiwedd Rhyfel Crimea, i ddyfodiad Crist. Hi, mae'n bosibl, ddewisodd y ddrama ar gyfer ei pherfformio. *'Watch out for tearful eyes at Llangefni'* oedd proffwydoliaeth 'Cymro' yn yr *Holyhead and Anglesey Mail*. Ond wedi'r pedwar perfformiad yn y Theatr Fach, yn niwedd Mawrth 1965, bu cryn drafod ar y cyflwyniad yn y papurau lleol, yn *Herald Môn* yn bennaf. Dechreuwyd y drafodaeth honno gan un a oedd yn galw'i hun yn S.D. Wedi cyfeirio ato fel 'cyflwyniad llwyddiannus', aeth yr adolygydd ati i gondemnio yn hytrach na chanmol: 'methu â diffodd y golau mewn pryd', 'anghofio geiriau' gan gyfeirio at berfformiad Elen Roger fel un 'anystwyth' a mymryn yn anghlywadwy. Yn dilyn hynny, anfonodd tri o gydnabod Elen Roger lythyrau i'r wasg – o'u gwirfodd neu drwy gymhelliad – i ddatgan yn wahanol. Disgrifiwyd perfformiad Elen Roger gan E.W. [Edward Williams, mae'n debyg, hen adroddwr ac actor, ac un â chysylltiad agos â Chymdeithas Ddrama Llangefni] fel un 'cynnil ac artistig . . . a'i symudiadau o gwmpas y llwyfan yn wir broffesiynol'; i Neli Prytherch, Caernarfon, roedd ei phortread yn un 'esmwyth a chynnil' er na theimlai fod yr actorion 'bob amser yn glywadwy', ac i Enid Williams, Llandegfan, roedd Elen Roger wedi rhoi 'portread proffesiynol yng ngwir ystyr y gair' a theimlai 'fel hen actores, yn ddiolchgar i'r cwmni am wledd nas anghofiaf'.

Wedi iddi ymgodymu â drama o'r enw *Pryd o Ddail*, o waith J. D. Miller, yn nechrau 1967 – unig ddrama Gymraeg y Theatr Fach y flwyddyn honno – roedd adroddiadau'r papurau lleol yn fwy canmoliaethus, ac fe anfonodd Elen Roger swp o'r rheini at yr awdur, iddo gael darllen y ganmoliaeth drosto'i hun, a chafodd hithau air o werthfawrogiad ganddo, o'i gartref ym Maesteg: 'Mi wn drwy brofiad o gynhyrchu'r ddrama fod angen cynhyrchu da, ac mae'n amlwg, yn ôl yr adroddiadau, fod Elen Roger Jones, nid yn unig yn gynhyrchydd o allu arbennig ond ei bod wedi llwyddo i greu'r awyrgylch ac ysbrydoli'r cast.' Dyna beth oedd neiniau'n canu i'w gilydd.

'Pan ddewisodd Tecwyn Jones gynhyrchu drama o waith Wil Sam', meddai yn ei 'hatgofion', 'cafwyd cryn drafferth gyda'r ymarferiadau – chwerthin yn mynd yn drech na ni. Mwynheais yn fawr chwarae rhan y fodryb ffyslyd oedd yn ceisio rhedeg fferm gyda'i dau nai anystywallt a chwaraewyd gan Richard Morris Jones a Cen Williams.' *Gwalia Bach* oedd y ddrama honno. Fe'i perfformiwyd am bum noson yn olynol yn nechrau Chwefror 1972 i theatr lawn. Meddai'r brolliant ar y rhaglen, ac fe dybiwn i mai hi a'i cyfansoddodd: 'Efallai y gwêl rhai ohonoch yn y ddrama heno gomedi hwyliog braf ac efallai y gwêl eraill arwyddocâd arbennig, hyd yn oed mewn ambell ymadrodd, fel y gwelodd rhai o'r actorion wrth ymarfer.' Ond mae Richard Morris Jones yn cofio fod yna un ymadrodd yn y ddrama

71. Cyflwyno *Awel Gref* yn y Theatr Fach, Mawrth 1965.
*O'r chwith i'r dde:* Terry Phipps, Cassie Williams, Glyn Williams, Jane Jones, Elwyn Hughes, Elen Roger (cynhyrchydd), Hywel Williams, Anne Thomas.

honno oedd ddim at ei chwaeth - 'sgert at ei thin', mae'n debyg oedd hwnnw – ac yn ystod y perfformiadau fe lwyddodd i sboncio dros yr ymadrodd tramgwyddus hwnnw heb gymaint â'i ddweud unwaith!

Ym mis Mai yr un flwyddyn, roedd hi'n cynhyrchu ac yn actio mewn comedi arall o'r enw *Yr Anfarwol Ifan Harris* o waith Idwal Jones, y dramodydd a'r digrifwr – drama a ddaeth yn fuddugol yn Eisteddfod Genedlaethol Treorci, 1928. Meddai'r broliant ar y rhaglen: 'Y mae ei waith yn llawn hiwmor a digrifwch. Nid ymosod ar y ddynoliaeth a wnaeth fel y proffwyd a'r diwygiwr, ond dangos iddi wedd ddigri ei bywyd. Nid chwerthin ar ei phen a wnaeth fel sinig, ond peri iddi chwerthin.' Serch bod y ddrama a'r hiwmor wedi dyddio erbyn 1972, a'r chwarae sydd ynddi yn digwydd yn nauddegau'r ganrif honno, fe alla' i ddychmygu i Elen Roger fwynhau'i llwyfannu, ac fe'i gwerthfawrogwyd gan y gynulleidfa a ddaeth yno i'w gweld – os gellir credu adroddiadau'r papurau newydd.

'Profiad gwahanol', meddai yn ei 'hatgofion', 'ond hynod o bleserus, fu cymryd rhan yn *Cartref*, cynhyrchiad a chyfieithiad y Dr John Gwilym Jones o *Home* gan David Storey.' Roedd hynny yn niwedd Mehefin 1977. Pump

72. Actorion *Y Gŵr Llonydd*, Theatr Fach, 1969.
*Rhes gefn, o'r chwith i'r dde:* Kitty Owen, Charles Williams, Rol Davies, Marged Esli, Mair Davies, Anwen Williams, Gwyn Jones, Lesley Williams, John Gwilym Jones (yr awdur a'r cynhyrchydd).
*Yn eistedd:* J. O. Roberts, Elen Roger.

actor yn unig sydd yn y ddrama – ac roedd y pump actor a ddewiswyd ar gyfer ei chyflwyno yn y Theatr Fach yn rhai profiadol ac abl. Mae'r ddrama wedi'i lleoli mewn cartref henoed, lle mae pedwar o'r trigolion – dau hen ŵr a dwy hen wraig – yn ymson â'i gilydd ynghylch bywyd a'i ystyr ac amser a'i dynged. Roedd gan Elen Roger, a chwaraeai ran Marjorie, ac Audrey Williams (Audrey Mechell) a chwaraeai ran Kathleen, sgyrsiau hirfaith gyda'i gilydd, ac roedd cymaint o'r ddrama'n dibynnu ar gyfleu awgrym a chreu awyrgylch. Mae amryw o'r farn mai dyma, hwyrach, ei pherfformiad gorau – ac mae'r dewis yn helaeth – oddi ar lwyfan y Theatr Fach. Wrth dalu teyrnged iddi yn Theatr y Maes, roedd gan Owen Parry atgofion am un olygfa o'r ddrama honno: 'Cofio, tua diwadd y ddrama, oeddan ni i fod i ga'l dagrau, wrth edrach drwy ffenast y Cartref. A 'doedd hi dim yn hawdd i mi, yn y cyfnod hwnnw, ga'l dagrau – haws heddiw, mae'n debyg . . . finnau yn rhyw droi i edrych arni, a 'dw i'n cofio'i llinell hi byth: "Dawn ni byth o 'ma!" R'on i'n ca'l dagrau'n rhwydd iawn wrth iddi hi dd'eud y frawddeg fawr yna. Na, ma' hi wedi d'eud ryw bethau fel'na, fydd yn aros hefo ni tra byddwn ni byw . . .'

116

Drama a gafodd gryn sylw oedd *The Bonesetter of Crosshall Street* gan William Hywel, meddyg teulu yng Nghemaes, Môn, a disgynnydd uniongyrchol o deulu Meddygon Esgyrn Môn. Mae'r ddrama yn olrhain y tyndra rhwng un ohonynt, Evan Thomas, a oedd yn feddyg gwlad llwyddiannus, a'r meddygon proffesiynol yn Lerpwl a oedd yn eiddigeddus o'i lwyddiant, ac yna'n dangos penderfyniad ei feibion i gymhwyso'u hunain i fod yn feddygon trwyddedig. Fe'i hysgrifennwyd yn 1948 ar gyfer Cwmni Drama Cemaes i'w pherfformio'n lleol. Ond yn 1951 fe'i llwyfannwyd yn y Liverpool Playhouse, ac yn ôl yr hyn a ddywedwyd ar y pryd, '*it broke all existing box office records*'.

Rwy'n cofio mynd i wylio cynhyrchiad y Theatr Fach o'r ddrama ym mis Mawrth 1983 a'i mwynhau'n fawr. Ond pan gefais air gydag Elen Roger i'w chanmol am ei pherfformiad – hi oedd yn chwarae rhan chwaer Evan Thomas – sibrwd a wnaeth hi, fel y gwnâi hi'n aml pan na fyddai'r deunydd yn hollol wrth ei bodd: 'Cofiwch, 'dydi hi ddim yn ddrama fawr!' Pan ddaeth yr Eisteddfod Genedlaethol i Fôn yr Awst canlynol, cyflwynodd yr un cwmni, mwy neu lai, gyfieithiad Bob Roberts ohoni i'r Gymraeg o dan y teitl *Evan Thomas – Meddyg Esgyrn Môn*. Fe'i cyflwynwyd drachefn yn Theatr Tywysog Cymru, Bae Colwyn, pan ddaeth yr Eisteddfod Genedlaethol i'r Rhyl yn 1985.

Wrth fwrw golwg dros hen raglenni y dramâu a gyflwynwyd ar lwyfan y Theatr Fach – cynyrchiadau Cymdeithas Ddrama Llangefni, a'i chwmni hi, Cwmni Drama Amlwch, yn bennaf – a phori drwy adolygiadau ar rai o'r perfformiadau hynny, un peth a'm synnodd, yn fwy na dim arall, oedd y fath rychwant eang o ddramâu y bu'n ymwneud â hwy – yn cynnwys clasuron dwys a chomedïau, dramâu poblogaidd dechrau'r ugeinfed ganrif a gweithiau awduron newydd, cyfieithiadau a dramâu gwreiddiol. Yn y Theatr Fach, fel ymhobman arall lle bu'n llafurio mor egnïol, dim ond wrth fod ar ganol y llwyfan, ac yn rhan o'r ddrama ar y pryd, roedd yn bosibl iddi roi'i

O sôn am y ddrama am Feddygon Esgyrn Môn, hwyrach mai'r cymeriad a gafodd fwyaf o gyhoeddusrwydd cyn pob perfformiad oedd parot. Roedd yn hanfodol cael un, mae'n debyg, ar gyfer y chwarae. Henry oedd enw'r un berfformiodd yn y Theatr Fach – yn y ddwy iaith – ond bu rhaid ail-gastio erbyn y perfformiad ym Mae Colwyn. Gwnaed apêl ar dudalennau'r *Daily Post* – oedd yn gyhoeddusrwydd ymlaen llaw ardderchog i'r ddrama – a chafwyd gafael ar un yn Llandudno, nad oedd iddo enw penodol. '*Polly gets the part*' oedd y pennawd yn rhifyn Mehefin 12 o'r papur, gyda llun o'r aderyn a'i berchennog, a'r sicrwydd mai deryn o ychydig eiriau oedd o ond fod ganddo duedd at ganu yn achlysurol.

73. Actorion Evan Thomas – *Meddyg Esgyrn*, 1983.
*Yn sefyll, o'r chwith i'r dde:* Gwyn Morgan, John Williams, Glyn Weldon, Dafydd Idriswyn, Dafydd Clwyd, Kelvin Jones, Gwynfor Roberts, Eurwyn Morris, Geraint Williams, Gwyn Hughes.
*Yn eistedd:* Maldwyn John, Gwyn Jones, Hulena Eryri Jones (cynhyrchydd), Elen Roger, Elan Hughes, R. Alwyn Jones.

chyfraniad. Anaml y byddai hi'n cynhyrchu drama yno heb fod yn actio yn y ddrama honno yn ogystal. Meddai yn *Portread*: "Tydi hi ddim yn ormodiaith o fath yn y byd i ddeud fod y Theatr Fach wedi cael dylanwad ar ddatblygiad y ddrama yng Nghymru. Do'n tad. Er mai theatr amatur ydi hi. Ond 'dydi hi'n sicr ddim yn theatr amaturaidd.' Ond y pennawd roddodd y *Western Mail* i'w disgrifio – uwchben erthygl gan Jeremy Bugler, 19 Rhagfyr 1964 – oedd *The Dedicated Amateurs*.

Yn nechrau'r saithdegau, fe gafodd Elen Roger gyfle i 'ehangu'r profiad actio', chwedl hithau, a chrwydro theatrau ledled Cymru. Un rheswm am hynny oedd ffurfio Cwmni Theatr Cymru yn 1968, o dan gyfarwyddyd Wilbert Lloyd Roberts, a hithau'n cael ei gwahodd i actio yn rhai o gynyrchiadau'r Cwmni. Pan ofynnais i J. O. Roberts – a fu'n actio gyda hi gydol y blynyddoedd, nid yn unig ar lwyfan y Theatr Fach ond ar lefel genedlaethol – pa berfformiad llwyfan o'i heiddo oedd yn amlwg yn y cof, fe atebodd, heb betruso, mai'i phortread o Mari Lewis yn *Daniel Owen*, yng

74. Y tri a fu'n talu teyrnged i Elen Roger yn Theatr y Maes.
*O'r chwith i'r dde:* Tony Jones, Audrey Mechell, Owen Parry.

nghynhyrchiad Cwmni Theatr Cymru. Gruffydd Parry oedd wedi llunio'r sgript ac fe'i perfformiwyd mewn wyth canolfan ar hugain yn ystod gwanwyn 1970, gan ddechrau yn theatr y Playhouse yn Lerpwl ac yna teithio Cymru benbaladr. Cafodd y cynhyrchiad ei ganmol yn gyffredinol a chyfeiriwyd yn benodol, fwy nag unwaith, at bortread artistig a phroffesiynol Elen Roger Jones. Fel yr awgrymodd J. O. Roberts, os bu cymeriad llwyfan ac actores yn gweddu i'w gilydd erioed, yna Elen Roger a Mari Lewis oedd y rheini: 'Roedd hi'n Fari Lewis, rhywfodd, ar y llwyfan ac oddi arno.'

---

Fel cynhyrchydd, roedd hi'n disgwyl prydlondeb oddi wrth actorion y Theatr Fach, fel y cyfeiriodd Tony Jones yn Theatr y Maes. Sôn roedd o am y diweddar Glyn Williams, 'Glyn Pensarn', un o actorion disglair y Theatr Fach, a'i fynych wendid yn y cyfeiriad hwnnw: "Doedd 'na ddim byd gwaeth gan Elen na bod yn hwyr i ymarfer. A fydda'n rhaid i chi gael esgus da iawn os na fyddach chi yna ar y dot, hannar awr wedi saith . . . Hannar awr wedi wyth, chwartar i naw y bydda' Glyn yn troi i fyny. "Lle 'ti wedi bod 'ngwasi?" "Buwch yn dwad â llo Mrs Jones". Bob ymarferiad, mi fydda' Glyn yn hwyr. Dyma Glyn yn cyrra'dd i ryw rihyrsal hannar awr wedi wyth. "Lle wyt ti 'di bod Glyn bach?" "Buwch yn dwad â llo Mrs Jones". "Dwad i mi Glyn, faint o warthaig s'gin ti?" "Deg Mrs Jones". "Wel yli 'ngwasi, ma' 'na fuwch wedi dwad drosodd, mi 'dan ni wedi ca'l unarddeg o rihyrsals yn barod!".'

75. Gyda Charles Williams yn *Tri Chryfion Byd*, Hydref 1972.

Un arall o gynyrchiadau Cwmni Theatr Cymru a gafodd gryn sylw, ac Elen Roger yn un o'r actorion, oedd *Twm o'r Nant*, a berfformiwyd chwech ar hugain o weithiau, ledled Cymru, rhwng dechrau Hydref a diwedd Rhagfyr 1972. Roedd rhan gyntaf y rhaglen wedi'i llunio gan Wilbert Lloyd Roberts, yn rhoi portread o Twm o'r Nant a'i gyfnod, a'i hail ran yn berfformiad o'i anterliwt, *Tri Chryfion Byd*. Yn yr anterliwt, roedd Elen Roger yn chwarae rhan Lowri Lew a Charles Williams yn cymryd rhan ei mab, Rhinallt y Cybydd. Meddai am ei chyd-actor: 'Roedd cael cwmni a chyd-actio efo Charles yn bleser pur bob amser, a che's wneud hynny droeon ar y radio ac ar lwyfan.'

Ond chafodd adolygydd *Y Cymro* ddim cymaint 'mwynhad' yn gwylio perfformiad Cwmni Theatr Cymru yn Ysgol Brynhyfryd Rhuthun ddechrau Tachwedd; 'Roedd rhywbeth o le ar y cyflwyniad' oedd y pennawd. Teimlai fod yna fwlch, mewn mwy nag un ystyr, rhwng yr actorion a'r gynulleidfa ac mai yn araf iawn yr enillwyd diddordeb y rhai a ddaeth yno i wylio'r perfformiad. Ond roedd o'r farn fod y perfformiad roddodd Elen Roger a Charles Williams yn taro deuddeg: 'Uchafbwynt y noson oedd yr ymgom rhwng Rhinallt y Cybydd (Charles Williams) a Lowri Lew, ei fam (Elen Roger Jones). Roedd y tyndra i'w deimlo a'r gynulleidfa'n mwynhau'r perlau geiriol a hidlai o enau'r ddau.'

## WYNEB AR DELEDU
Fe dybiwn i mai perthynas 'weithiau cariad, weithiau cas' oedd rhwng Elen Roger Jones a'r set deledu ac mai'r ddrama lwyfan oedd ei chariad cyntaf, fel yr eglurodd hi ar y rhaglen *Portread*: 'I fyd di-deledu y cefais i fy ngeni a hoelion wyth y pulpud, nid sêr y sgrîn, oedd ein harwyr ni, ddechrau'r ganrif . . . Petasai hi wedi dwad i'r pen, ac yn gorfod dewis rhwng gwneud gwaith teledu a gwaith llwyfan, y llwyfan f'aswn i'n ddewis.' Ond erbyn yr wythdegau, daeth i werthfawrogi mwy ar y cyfrwng a hithau, erbyn hynny, wedi gweithio iddo am bron i chwarter canrif. Meddai *Pais* amdani, yn Awst 1983: 'Bu amser pan ofnai ddylanwad y teledu, ond bellach gwêl fwy o obaith i ddynol ryw a chred mai da o beth yw fod plant yn cael eu magu mewn awyrgylch agored llai rhagrithiol.'

Pan ddaeth hi'n amser iddi ysgrifennu'i 'hatgofion' roedd hi'n ei chael hi'n anodd i gofio'n union pa bryd yr ymddangosodd ar y teledu am y tro cyntaf ond roedd hi, am reswm arbennig, yn cofio pryd y daeth set deledu i'w chartref am y waith gyntaf: 'Yn Abersoch a minnau newydd gael set deledu am y tro cyntaf, y gwelais ddrama enwog y Gwyddel, Synge, *Riders to the Sea* . . . Sybil Thorndike gymerai'r brif ran, y Fam, a chefais fy nghyfareddu gan ei pherfformiad, yn enwedig y tristwch a fynegodd yn ei

4 October 1960.

Dear Mrs. Roger Jones,

This is just to thank you for the  pretty card with its very kind message.  I am delighted to know that you enjoyed 'Riders to the Sea' - your words cheered  me a lot. Our play is running well, but  there always seems time for something  else, so I expect you'll be seeing me  again!

All good wishes,
Yours sincerely,
SYBIL THORNDIKE

Copi o'r llythyr a dderbyniodd hi.

76. Elen Roger ('Mari Lewis'), Gwyn Parry ('Wil Bryan') a Gwilym Owen ('Brethynnwr') yn *Ffenestri,* Daniel Owen, Mehefin 1963.

122

hwyneb wrth golli'i meibion, un ar ôl un. Megais ddigon o hyder i anfon gair ati, a synnais pan gefais ateb.' Cyn bo hir roedd hi i ddal deuparth o grefft Thorndike wrth roi sawl perfformiad cofiadwy ar deledu a'i hwyneb arbennig hithau yn cyfleu tristwch neu ddoniolwch, yn ôl y galw.

I ddyfynnu eto o'r hyn ddywedodd hi yn *Portread*: 'Llithro i mewn i waith teledu wnes i o waith radio a 'dw i'n meddwl mai rhyw ran fechan yng ngwaith Cynan oedd y peth cynta'. . .' Ond yn ôl y rhestr cytundebau sydd ar gael, portread o Mari Lewis mewn rhaglen am Daniel Owen, gyda Wilbert Lloyd Roberts yn cynhyrchu, oedd ei chyfraniad cyntaf a hynny ym Mehefin 1963. (Erbyn meddwl, hwyrach mai'r perfformiad hwnnw barodd iddo'i dewis hi i actio'r un cymeriad yng nghynhyrchiad Cwmni Theatr Cymru saith mlynedd yn ddiweddarach.) Am y deng mlynedd nesaf, ymddangosodd mewn sawl cynhyrchiad gan gynnwys y gyfres wythnosol *Byd a Betws* ac, yn nes ymlaen *Y Gwyliwr* a *Tresarn*. Straeon byrion neu ddramâu wedi'u hysgrifennu ar gyfer y llwyfan a'u haddasu ar gyfer teledu oedd amryw o'r cynyrchiadau hynny, ac ambell gomedi gynnar, a rhannau byrion oedd ar ei chyfer, gan amlaf, ond roedd o'n gyfle iddi ymgynefino â'r

77. Elen Roger a Iona Banks yn *Byd a Betws*, Ebrill 1967.

78. 'Mrs. Jones', y fam, yn arllwys te gyda steil yn y ddrama *Merch Gwern Hywel*,
Mawrth 1976, a'r actor, Guto Roberts, yn ei gwylio.

cyfrwng ac ennill profiad. Eto, roedd hi'n mwynhau'r gwaith, serch fod hynny'n golygu bod oddi cartref yn aml a theithio cyn belled â Chaerdydd, Birmingham neu Lundain ar gyfer ymarferion maith a llefaru ychydig linellau. Yr un pryd, roedd hi'n ymwybodol fod yna frid newydd o feirniad drama yn cael ei eni: y gŵr neu'r wraig oedd yn gwylio'r ddrama deledu ar hap a damwain, o esmwythyd soffa neu gadair freichiau, ac yn fwy na pharod i fynegi barn. Ond roedd hi bob amser yn dweud mai gogoniant y cyfrwng iddi hi oedd y 'cyfle i ailwneud golygfa os digwydd i gamgymeriad gael ei wneud; dim ond un cyfle sydd wrth berfformio ar lwyfan.' I berffeithydd fel hi roedd hynny'n fonws.

Hwyrach mai yn niwedd 1973 y daeth hi i'w hoed fel actores deledu pan benderfynodd y B.B.C. gyflwyno *Dwy Briodas Ann* gan Saunders Lewis: drama'n astudio priodas John Elias o Fôn ag Ann, gweddw Syr John Bulkeley, yswain Presaddfed (er mai merch gyffredin oedd hi o ran magwraeth), ac ymddangosiad yr élite Methodistaidd newydd yn nechrau'r bedwaredd ganrif ar bymtheg. Fe dybiwn i fod y themâu a'r deunydd yn union at ei dant, ac roedd y ffaith mai George P. Owen oedd y cynhyrchydd – un o Fôn yn wreiddiol, yn gyn-aelod o Gymdeithas Ddrama Llangefni, a'i dad a hithau'n gyfeillgar â'i gilydd yng Nghlwb y Marian – yn melysu pethau ymhellach. Hi oedd yn chwarae rhan 'Mrs Roberts, yr howscipar'.

Pan ofynnais i J. O. Roberts pa berfformiad teledu o eiddo Elen Roger oedd wedi taro deuddeg, fe atebodd gyda'r un pendantrwydd mai'i rhan ym *Merch Gwern Hywel* – y nofel a gyhoeddodd Saunders Lewis yn 1964, addaswyd gogyfer â'r teledu a'i dangos yn rhaglen awr a hanner yn nechrau Mawrth 1976. Disgrifir y nofel fel rhamant hanesyddol, yn adrodd stori garu rhwng William Roberts, pregethwr Methodist ifanc o Fôn – ond un isel ei dras – a merch Gwern Hywel, Ysbyty Ifan. Ond mae iddi, wrth gwrs, haenau dyfnach lawer na hynny ac fel *Dwy Briodas Ann* mae hi'n portreadu twf a datblygiad Methodistiaeth yn yr un cyfnod. Y tro hwn roedd gan Elen Roger gryfach cymeriad i'w gyflwyno: rhan 'Mrs Jones', mam Sarah Jones, merch Gwern Hywel, a ddihangodd i briodi. Meddai J.O.: 'Roedd cryfder y cymeriad yn apelio ati ac roedd ganddi yr adnoddau angenrheidiol i gyfleu hynny.' Fel 'y fam haearnaidd' y disgrifiodd Elen Roger y cymeriad a bortreadai ac mae'r hyn ysgrifennodd hi yn ei 'hatgofion' yn profi iddi gael gwefr a boddhad arbennig wrth actio'r rhan: 'Mae un olygfa o *Merch Gwern Hywel* yn aros yn glir iawn yn fy meddwl, sef yr un pan ddaeth John Elias (yn cael ei chwarae gan J. O. Roberts) i geisio fy mherswadio i newid fy meddwl i adael i fy merch briodi â pherthynas iddo, William Roberts, Amlwch (John Ogwen oedd yn chwarae ei ran ef). Ond roedd fy nghymeriad yn un styfnig a chas, ac ni lwyddodd.' Fe alla' i ddychmygu iddi fynd o dan groen y chwarae – yn union fel petai hi'n ymladd brwydr foesol mewn bywyd yn gymaint â brwydr o'r fath mewn drama. Arhosodd yr olygfa honno yng nghof y cynhyrchydd, George P. Owen, hefyd, a deil i sôn amdani.

Gyda'r ddwy ddrama fel ei gilydd byddai Saunders Lewis yn galw yn yr ystafell ymarfer, i weld beth oedd yn digwydd ac i egluro cefndir ei ddramâu. Mae gan George Owen atgofion diddorol am un ymweliad o'r fath pan oedd y cwmni yn ymarfer *Merch Gwern Hywel*: 'Byd rhyfedd, lledrithiol, yw byd ystafell ymarfer. Wrthi'n ddyfal un prynhawn a phwy gerddodd i mewn, er mawr anesmwythyd i'r cast, ond Saunders. Dechrau trafod cymeriad Sarah (hen nain Saunders), y ferch oedd mewn cariad â William Roberts, Amlwch, a'r *elopement* clasurol a ddaeth i'w rhan. Saunders yn troi at Lisabeth Miles (oedd yn portreadu Sarah) "Wrth gwrs roedd hi ymhell o fod yn angyles. Cyn gadael tŷ ei modryb yr oedd hi wedi dwyn peth o'r *family silver* a'i guddio yn ei pheisiau". Llais Elen o'r cefn: "Do siŵr, i'r *bottom drawer*, ac mi wn i lle mae nhw heddiw – mewn cas gwydr mewn ffermdy ger Amlwch". Sylweddoli ar drawiad mai trafod hanes, ymdrin â ffeithiau oeddan ni ac nid ymhél ag awen greadigol dramodydd.' Fe gyflwynodd Saunders Lewis ei nofel i ddwy gyfnither iddo, Elsie a Gwyneth Jones, Llwyn Ednyfed, Amlwch, ac roedd Elen Roger yn eu hadnabod yn dda. Meddai yn ei 'hatgofion' i gadarnhau'r stori: '. . . yr unig beth a aeth gyda hi oedd bocs o lwyau arian. Roedd rheini ym meddiant Elsie Jones, ac fe'u gwelais nhw!'

Pan aned Sianel Pedwar Cymru, 1 Tachwedd 1982, roedd Elen Roger wedi bod yn wyneb ar y teledu am bron i ugain mlynedd ac wedi rhoi rhai

---

'Hi oedd y fam awtocrataidd ym *Merch Gwern Hywel*, Saunders Lewis. Gwyddwn ei bod yn aros gyda'i merch Meri Rhiannon yng Nghaerffili, ac yn galw bob penwythnos gyda'i chwaer yn Aberystwyth. Tua chanol y ddrama y mae golygfa rhwng Mrs Jones, Gwern Hywel, a John Elias, oedd yn ymwelydd lled gyson â'r cartref. Ers ei ymweliad olaf bu farw mab Mrs Jones, ac er mai ceisio pontio'r atgasedd rhyngddi a John Roberts yw'r rheswm pennaf dros yr ymweliad mae'n cychwyn gyda gair o gydymdeimlad am y trallod ddaeth i'w rhan. Anghofia'i fyth ddehongliad Elen o un linell gwta, drwm lwythog, nodweddiadol Saundersaidd: "Trallod piau fy mywyd i". Eglurodd i mi'n ddiweddarach sut y llwyddodd i grisialu cymaint o deimlad i mewn i'r llinell. Yr oedd Charlotte ei chwaer newydd golli ei mab mewn damwain a cheisio'i chynorthwyo i wynebu'r golled oedd y rheswm am yr ymweliadau cyson ag Aberystwyth. "Dyna'r unig ffordd y gallwn i ddweud y llinell, rydw i wedi byw efo'r trallod am fisoedd".'

George P. Owen mewn llythyr at yr awdur.

79. Elen Roger fel yr Arglwyddes Grey yn *Owain Glyndŵr*, 1983.

perfformiadau cofiadwy iawn. Erbyn hynny, roedd hi wedi hen groesi'r deg a thrigain ond, cyn belled ag roedd actio ar y teledu yn y cwestiwn, roedd ei 'hoes aur', ar lawer cyfri, ar wawrio. Heddiw, ac actorion wrth hyfforddiant yn ddwsin am ddimai, mae hi'n stori wahanol, ond yn 1982 ychydig o actorion o'i bath hi, sicr eu traed, oedd ar gael. Yn ogystal, roedd nifer dda o'r cyfresi oedd i'w dangos yn y dyfodol, naill ai'n ail-fyw ddoe neu'n gofyn am actorion o'i hoed hi i gadw cydbwysedd.

Un o'r rhaglenni cynnar llwyddiannus oedd *Joni Jones*, cyfres yn seiliedig ar gyfrol o straeon byrion hunangofiannol o'r enw *Gwared y Gwirion* gan R. Gerallt Jones, yn dwyn i gof ei blentyndod yn Llŷn yn y pedwar a'r pumdegau. Gofynnwyd i Elen Roger chwarae rhan 'Miss Brooks' – boneddiges a drigai mewn plasty bychan, lle roedd mam Joni Jones yn howscipar. Wedi'm magu yn y plwy agosaf i'r awdur, tua'r un cyfnod, fe allaf ddychmygu pwy oedd 'Miss Brooks' a lle'n union roedd y plasty a chredu i Elen Roger gael blas ar bortreadu'r bonedd a'r sifalri a berthynai i'r wraig honno. Yn nes ymlaen, trowyd y gyfres yn ffilm naw deg munud wedi'i dybio i'r Saesneg a'i gwerthu i sawl gwlad dramor.

Yn sicr, ffilm fwyaf uchelgeisiol blynyddoedd cynnar S4C oedd *Owain Glyndŵr* gan Gwmni *Opix* o Lundain. Meddai yn ei 'hatgofion': 'Cofiaf fy malchder, wedi'r cyfweliad gyda'r cynhyrchydd, o wybod y cawn chwarae rhan yr Arglwyddes Grey, a fyddai'n annog ei mab di-asgwrn cefn, Reginald, a chwaraeid gan Hugh Thomas, i darfu a meddiannu tir eu cymydog, Owain Glyndŵr.' Golygfa gref iawn oedd honno, pan oedd yr Arglwyddes yn sgwrsio â'i mab, wyneb yn wyneb, gan ei alw i gyfri am ei fursendod, a hithau fel petai'n poeri'r geiriau i'w gyfeiriad: 'Ymddwyn fel dyn, Reginald, nid fel rhyw lipryn di-asgwrn- cefn. O! weithiau, mi fydda' i'n 'i chael hi'n anodd coelio dy fod ti'n fab i mi.'

James Hill oedd y cyfarwyddwr – gŵr o gryn brofiad, ym Mhrydain a thros y môr – a'i air i ddisgrifio perfformiad Elen Roger Jones fel yr Arglwyddes Grey oedd *'excellent'*. Bu gwylio mawr ar y rhaglen, pan ddangoswyd hi – y tro cyntaf i neb weld epig o'r fath ar deledu Cymraeg – ond cymysglyd fu'r adwaith a bu cryn ymgecru a golchi bratiau budron yn y papurau newydd ac ar yr awyr wedi'r telediad. Fe wnaed fersiwn Saesneg ohoni, yn ogystal, gan ddefnyddio'r un actorion. Roedd Elen Roger o'r farn fod perfformiad J. O. Roberts fel Owain Glyndŵr 'yn un gorchestol'.

Ar bwys ei llais a'i hymarweddiad, actio dramâu clasurol oedd yn dod yn

80. Cerdyn post a anfonwyd o Shepherd's Bush, Gŵyl Sant Steffan, 1982.

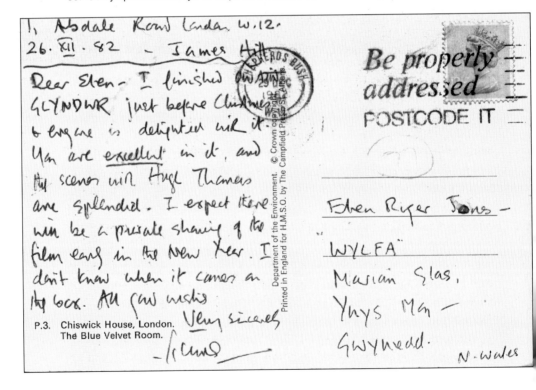

81. Elen Roger fel 'Nyrs Elin Enoch' yn *Wy Ceiliog*, drama gomedi gan Dyfed Glyn Jones, deledwyd yn ôl ym Medi 1973.

naturiol i Elen Roger a hynny, mae'n debyg, fyddai'i dewis cyntaf. Roedd hi'n medru gwisgo mantell gwraig fonheddig, mewn mwy nag un ystyr, a hynny'n rhwydd ac yn gwbl naturiol. Barn ei mab, Wiliam – mewn sgwrs rhyngom – oedd ei bod hi'n 'hoffi actio pethau o safon, ac ar ei gorau yn actio y person oedd hi'i hun: y cymeriadau clasurol gyda steil o'u cwmpas.' O ran y llwyfan, rwy'n ei chael hi'n anodd i beidio â'i chymharu ag actores *avant-garde* oes Fictoria, oedd o'r un enw â hi – Ellen Terry. Fe ddywedodd Tom Prideaux am honno, yn ei gyfrol, *Love or Nothing – the Life and Times of Ellen Terry*: '*She did not scorn elegance.*' Roedd hynny'n rhyfeddol o wir am Elen Roger hefyd.

Pan fûm i'n trafod hyn gyda J. O. Roberts, roedd o'n cytuno, ond am ychwanegu'i bod hi, yn ogystal, yn medru actio comedi'n hynod o effeithiol.

82. Yng nghroglofft 'Heidden Sur', Elen Roger a Charles Williams yn *Hufen a Moch Bach*, 1983-4.

'Mor aml,' meddai, 'mae cynhyrchydd yn medru slotio actor neu actores i deip arbennig a hynny wedyn yn cyfyngu ar y cyfle i actio rhannau gwahanol.' Roedd Nesta Harries yn cytuno â hynny ond yn ychwanegu mai comedi oedd un o gryfderau Elen Roger a hynny, unwaith yn rhagor, oherwydd ei bod hi'n deall y dechneg a byth yn gor-actio.

'Pader i berson (wel i Weinidog, ta beth),' meddai George P. Owen yn ei lythyr ataf, 'fyddai i mi sôn am bennaf gwendid yr actor amatur sy'n cael ei ryddid mewn comedi, ac sy'n disgyn yn syth i'r trap cyntaf, yn ei ruthr i fod yn 'gomic'. Busnes difrifol ar y naw yw comedi, fel y gwyddai Elen yn iawn. Didwylledd hollol oedd yn llywio ei pherfformiad ac yn goleuo ei phortreadau, ac o'r herwydd yn eu gwneud mor ddoniol a chofiadwy i'r gynulleidfa.'

Cyn belled ag roedd y teledu yn y cwestiwn, comedïau ac opera sebon, o fath, fu ffon fara Elen Roger yn ystod ei blynyddoedd olaf.

Yn 1983-4 aeth *Teledu'r Tir Glas* ati i ffilmio dwy gyfres o *Hufen a Moch Bach*, addasiad ar gyfer teledu o rai o'r straeon roeddwn i wedi'u hysgrifennu'n wreiddiol ar gyfer y radio. Gan mai fi, yn ogystal, oedd yn

130

ysgrifennu'r sgriptiau teledu, cefais fynegi fy marn ynglŷn â'r dewis o actorion. Roedd pawb ohonom yn cytuno mai Elen Roger, yn anad neb, oedd yn ffitio cymeriad Ann Robaits, Heidden Sur, ('Cymeriad gwahanol iawn i'r Arglwyddes Grey', chwedl hithau) ac mai Charles Williams oedd yr un i chwarae rhan ei brawd, Dafydd Robaits. Ni chawsom ein siomi, ac mae'r hyn ddywedodd hi am y gyfres yn ei 'hatgofion' yn awgrymu iddi hithau fwynhau'r ffilmio: 'Golygfa ddoniol iawn oedd honno yn y groglofft, pan alwodd y gweinidog i weld y claf. Roedd y diffyg ar glyw Dafydd Robaits yn ychwanegu llawer at yr hwyl. Charles (Williams) oedd yn chwarae rhan Dafydd, a Mei Jones oedd y gweinidog ifanc; pleser oedd actio efo'r ddau. Dywed llawer mai'r gath druan a gafodd drochiad gennyf yn yr hufen oedd seren y gyfres!'

Gan mai cyfres wedi'i lleoli yng nghefn gwlad y pumdegau oedd hi, roedd gan Elen Roger fwy o wybodaeth am awyrgylch y cyfnod na fawr neb arall – ar wahân i Charles hwyrach. Fyddai'n ddim ganddi fynd at y llyw petai galw am hynny. Meddai Ifan Roberts, cynhyrchydd y gyfres: 'Roeddem i gyd yn gwerthfawrogi llygad craff rhywun fel Elen Roger Jones i'n hatgoffa o ambell fanylyn ac awgrymu gwelliant. Roedd ganddi air o

83. Yn portreadu 'Ann Robaits, Heidden Sur', a'r gath yn 'seren y gyfres'!

gyngor a phrofiad am y gwisgoedd, y gwalltiau, y cwilt yn y groglofft a'r offer yn y gegin.' Serch hynny, derbyniad cymysg gafodd y gyfres; mae'n haws i mi ddweud hynny na neb arall. Hwyrach fod Elen Roger yn llygad ei lle pan awgrymodd hi, â'i thafod yn ci boch wrth gwrs, mai Mali, y gath gringoch honno, oedd y 'seren' wedi'r cwbl.

Ond, a hithau ym mlynyddoedd canol ei saithdegau erbyn hynny, cafodd ail wynt unwaith eto, ac ymddangos mewn dwy gyfres a ddaeth yn hynod o boblogaidd, *Gwely a Brecwast* ac, wrth gwrs, *Minafon*. Un fantais wedi dyfodiad S4C, a hithau'n tynnu ymlaen, oedd cael teithio llai gan fod llawer o'r ffilmio, bellach, yn digwydd yn y Gogledd.

*Ffilmiau Hiraethog* a gynhyrchodd *Gwely a Brecwast* ac awdur y gyfres oedd Norman Williams. Fel yr eglurodd wrth *Sbec*, cylchgrawn Sianel Pedwar Cymru ar y pryd, roedd y plot 'yn seiliedig ar ryw fath o bobl oeddwn i'n eu hadnabod oedd yn cadw gwely a brecwast.' Cystadleuaeth chwyrn rhwng cymdogion annhebyg i'w gilydd am yr un farchnad oedd y thema sylfaenol: Sandra Walters, gwraig i forwr yn penderfynu gosod y llofft sbâr i ymwelwyr, a hynny'n codi awydd ar ei chymdoges hŷn, Jennie May, i wneud yr un peth, gan alw'i lle hi yn *Jennie May's*. Lleolid y gyfres ar stad o dai, a phan osododd Sandra'r arwydd *Bed and Breakfast* i fyny fe fynnodd Jennie May fod Robat, ei gŵr – un 'hoff o beint a hoff o hwyl' – yn rhoi *Better Bed and Breakfast* tu allan i'w chartref. Yr hyn oedd yn cynnal y digrifwch oedd y gwahanol fathau o ymwelwyr oedd yn manteisio ar gyfleusterau – neu'n hytrach ddiffyg cyfleusterau – y ddau gartref.

Fel y dywedodd hi yn ei 'hatgofion', fe syrthiodd Elen Roger mewn cariad â'r sgript ar y darlleniad cyntaf a chafodd fwynhad yn portreadu y Jennie May ariangar a hunangyfiawn. 'Sherman tanc mewn sgert', oedd

---

'Pan ddaeth hi'n adeg iddi godi'r gath o'r pot hufen, roeddem i gyd ychydig yn nerfus. Roedd gennym gymeradwyaeth ein "fet ar y set", Mrs Axford, i'n sicrhau na fuasai'r un gath werth ei hufen yn gwrthwynebu'r trochiad. 'Doedd Mrs Jones, na ninnau, ddim mor siŵr. Pe bae ni wedi trochi'r gath a rhywbeth technegol wedi mynd o'i le cyn diwedd yr olygfa, ofnem y byddai angen tipyn mwy o berswâd ar Mali'r gath i fynd i'r pot yr eildro. Mi fihafiodd y gath yn rhyfeddol, aeth Elen Roger Jones i'w lle a chodi'r

greadures gerfydd ei gwar o'r hufen, "godro'r" hufen oddi ar y ffwr a ffling i Mali i'r gwyll gydag un "Sgiat". Yna, troi'n ôl at ei gweinidog i gynnig hufen iddo ar yr "eirin duon bach"! Os oes tri chynnig i Gymro, un cynnig oedd ei angen ar Elen Roger Jones yng ngwar y gath!'

Ifan Roberts, y cynhyrchydd. [Maldwyn Thomas – Swyddog Cyhoeddi Gwasg Pantycelyn, erbyn hyn – Astra, ei wraig, a'u plant, oedd perchnogion y gath fenthyg.]

84. Gŵg Elen Roger a gwên Maureen Rhys – fel 'Jennie May' a 'Sandra'
– yn *Gwely a Brecwast*, Mai 1983.

disgrifiad Norman Williams o'i greadigaeth, ac yng ngeiriau Robat – ei gŵr
yn y sgript – 'Petai Hitler a Jennie May ar yr un ochr, mi fasa'r Almaen 'di
ennill y rhyfel.' Synnwn i ddim nad oedd y pinsied o ddychan, fel hyn, oedd
yn halltu'r ddeialog yn apelio ati. Cast bychan oedd i'r gyfres, ac roedd hi'n
hael ei chanmoliaeth i'w chyd- actorion, fel y byddai hi ar bob achlysur
bron: Llew Thomas a bortreadai'i gŵr, 'Robat', a Maureen Rhys, yn actio

rhan 'Sandra', ei chymdoges dra gwahanol. Arhosodd peth o'r digrifwch yn ei chof: 'Aeth pethau o ddrwg i waeth pan ddaeth gŵr a gwraig o Ffrainc i chwilio am lety, ac er mwyn eu plesio, anfonais Robat druan i'r ardd i chwilio am falwod!'

Ar ddamwain, mwy neu lai, y daeth y gyfres *Minafon* i'r sgrîn. Oherwydd i S4C fethu â dod i gytundeb ynglŷn â chyfres arall, fe ofynnwyd i Eigra Lewis Roberts addasu'i nofel, *Mis o Fehefin*, ar gyfer cyfres deledu. Fel yr ysgrifennodd Norman Williams, cynhyrchydd y gyfres, yn ei Ragair i'r gyfrol *Minafon – yr hanes tu ôl i'r gyfres deledu*: 'Gafaelodd yn nychymyg y gynulleidfa Gymraeg o'r cychwyn; apeliodd at bob oedran ac ymhob rhan o'r wlad.' Un rheswm am hynny, a'r rheswm pennaf o ddigon, oedd y grefft arbennig oedd ar yr ysgrifennu, fel y cyfeiriodd Elen Roger yn yr un gyfrol: 'Efo gwaith Saunders Lewis yr ydach chi ofn yn eich calon peidio â chymryd sylw o goma neu lythyren ac yr ydw i'n teimlo braidd felly efo Eigra achos mae hi'n sgwennu'n ofalus iawn.' Ond, nid yn unig roedd yna raen ar yr ysgrifennu, roedd yna hefyd actorion abl.

85. Sioc i 'Hannah Mary' ar fore Sul. Gydag Elfed Dafis ym *Minafon*, Tachwedd 1986.

86. Yn gwrando ar bob gair o enau 'Hannah Haleliwia' – 'Hyw Twm' (Dyfan Roberts) a 'Dic Pŵal' (John Ogwen) ym *Minafon*.

Fel yr eglurwyd yn *Sbec* wrth gyflwyno'r gyfres gyntaf yn 1983: 'Stryd o dai rhywle yng Ngogledd Cymru,' oedd *Minafon*. 'Ar yr wyneb, mae pob dim yn ddedwydd, ond wrth edrych tu ôl i'r llenni mae'n stori wahanol: problemau priodasol, diweithdra, creulondeb corfforol a phroblem iaith.' Lleolwyd y gyfres yn Nhrefor – pentref tawel oddi ar y briffordd, hanner y ffordd rhwng Pwllheli a Chaernarfon – gan ganolbwyntio ar un o strydoedd y pentref hwnnw, a elwir o hyd yn *Lime Street*.

Rhan 'Hannah Mary', neu 'Hannah Haleliwia' fel y byddai trigolion *Minafon* yn cyfeirio ati tu ôl i'w chefn, oedd i Elen Roger; cymeriad cryf a hunangyfiawn yn pupro'i sgwrs ag adnodau i yrru ergydion adref, a'r rhan wedi'i ysgrifennu'n arbennig ar ei chyfer. 'Ro'n i'n ei hadnabod hi'n reit dda', meddai Eigra Lewis Roberts ar sgwrs, 'a phan o'n i'n sgwennu *Minafon* mi ofynnais i'n benodol amdani i chwarae rhan 'Hannah Mary'. Anaml y bydda' i'n g'neud hynny wrth sgwennu, ond ro'n i'n ei chlywed hi yn deud y geiriau.' A chafodd Eigra mo'i siomi, mwy na gwylwyr y gyfres – ac roedd y rheini'n lleng – oherwydd fe lwyddodd Elen Roger i roi cig a gwaed i'r cymeriad a arfaethwyd ar ei chyfer, a hynny mewn modd eithriadol. Roedd hi'n ddiddorol i glywed Eigra'n sôn amdani'i hun yn mynd i Ysbyty Dewi Sant ym Mangor i wylio ffilmio golygfa ar gyfer

*Minafon*, lle roedd 'Hannah Mary' yn wael yn ei gwely. Roedd y peth mor gredadwy nes i'r ffin rhwng realiti a dychymyg fynd o'r golwg: 'Gweld Elen yn eistedd yn ei gwely, a finnau'n mynd ati a gofyn - "Ydach chi'n well, Elen?" Yna, mi gofis mai actio roedd hi!' Ond hwyrach fod yna fwy i'r briodas nag oedd ar y wyneb. Fel roedd hi'i hun i gyfaddef, roedd yna rai nodweddion yng nghymeriad 'Hannah Haleliwia' roedd hi'n medru uniaethu'i hun â nhw yn hawdd ddigon.

Wrth ffilmio *Minafon* sefydlwyd perthynas glos rhwng *Ffilmiau Eryri*, cynhyrchwyr y gyfres, a'r pentrefwyr – roedd hynny'n hanfodol o gofio fod tai a gerddi, a strydoedd y pentref yn cael eu meddiannu am wythnosau lawer – ond, yn ôl Elen Roger, roedd yna berthynas yr un mor gyfeillgar rhwng yr actorion a'i gilydd. Deryn y gyfres oedd 'Dic Pŵal', yn cael ei chwarae gan John Ogwen, a gwrthdaro parhaus rhyngddo a 'Hannah'. Mae John yn dal i'w chlywed yn dweud un frawddeg, mewn modd nad â'n angof iddo, wrth iddo geisio mynd ar ei thrugaredd: 'Drws clo gewch chi'n fam'ma, Dic Pŵal.' Wrth ffilmio golygfeydd o'r fath, a Dic yn 'eu rhaffu nhw', fe fyddai Elen Roger, meddai hi, yn ei chael hi'n 'anodd i gadw wyneb syth'.

Ond ar lefel bersonol roedd o'n gyfnod o bryder dwfn iddi am iechyd ei gŵr, Gwilym Roger. Oherwydd y pryder hwnnw, fe benderfynodd beidio â chymryd rhan yn y bedwaredd gyfres. Fodd bynnag, wedi colli Gwilym cyn i'r drydedd gyfres gael ei dangos, a deall fod yna fwriad i gadw'r cymeriad yn fyw a chwilio am actores arall i chwarae rhan 'Hannah Mary', penderfynodd ail-droedio'r byrddau: 'Ac fel mae'n digwydd, bu gweithio o gymorth mawr i mi.'

Drama deledu oedd *Tawel Fan*, a gynhyrchwyd, unwaith eto, gan *Ffilmiau Eryri*, ddangoswyd yn 1994. Yn y ddrama honno, roedd Elen Roger yn chwarae rhan hen wraig oedd o dan fygythiad i adael ei chartref a hithau'n mynnu aros yno serch pob bygythiad. Fe'i ffilmiwyd mewn ffermdy o'r enw Cefn Ynysoedd, sy' ar y Foryd, dros y dŵr i Abermenai'r *Mabinogion* ac yng ngolwg Castell Caernarfon. Roedd ei chymeriad yn y ddrama deledu yn dwyn ar gof ei chymeriad yn *Cartref* a'i pherfformiad yr un mor loyw. Fe orfodwyd yr hen wraig i adael y lle mewn ffordd hynod o felodramatig: yn cael ei tharo'n wael a hithau ar ei deulin yn adrodd ei phader! Fodd bynnag, yr unig gyfeiriad a wnaeth hi at y ddrama wrth ysgrifennu'i 'hatgofion' oedd deud fel roedd 'croeso cynnes trigolion y ffermdy yn ychwanegiad at y profiad'.

Fel gyda gwaith radio, cafodd Elen Roger gyfle i actio mewn rhai dramâu Saesneg yn ogystal. Cyn dyddiau S4C, yn nechrau 1978, cafodd ran fechan yn *Hawkmoor*, a oedd yn addasiad ar gyfer teledu gan Gruffydd Parry o *Twm*

87. Criw a chast *Tawel Fan*, 1994, Buddug Povey ar y dde, Norman Williams yn y bwlch yn cefn.

*Shon Catti* – y 'nofel Gymreig gyntaf yn Saesneg' fel y'i gelwir, a gyhoeddwyd yn 1828 – yn adrodd campau y Robin Hood Cymraeg ei iaith. John Ogwen oedd yn portreadu 'Twm' ac Elen Roger yn chware rhan ei fam. Y cynhyrchydd, unwaith eto, oedd George P. Owen. Ond yr hyn a arhosodd yn ei chof am ffilmio'r gyfres honno, yn ôl ei 'hatgofion', oedd mai Rachel Thomas oedd yn chwarae rhan ei chwaer, ac iddi 'fwynhau ei chwmni yn fawr iawn'. O ran eu gwerthoedd mewn bywyd a'u sgiliau actio roedd y ddwy ohonynt o'r un brethyn.

Yn nechrau'r wythdegau, dangoswyd y gyfres uchelgeisiol *The Life and Times of Lloyd George*, gyda John Hefin yn cynhyrchu. Bu'n gyfres lwyddiannus ac roedd y cynnwys a'r cymeriadau a bortreadid yn ei gwneud yn hawdd i'w gwerthu i wahanol wledydd. Philip Madoc oedd yn portreadu Lloyd George a chafodd Elen Roger gyfle i chwarae rhan 'howscipar' y teulu yn Llundain. Un peth a arhosodd gyda hi oedd y

88. Picnic ar set *The Life and Times of Lloyd George*, yng nghwmni Lisabeth Miles, Philip Madoc ac eraill, 1981.

Profiad arall go anarferol oedd cael neges, a finnau ar gae'r Eisteddfod Genedlaethol, yn gofyn i mi fynd i gyfarfod cynhyrchydd oedd mewn gwesty yn Llandudno. Roedd o wedi dod drosodd o'r Eidal, ac ar wahân i dri ohonom, Eidalwyr oedd yr actorion. Cofiaf yn dda i'r cynhyrchydd ofyn i mi *"Are you able to learn your words at short notice, because I need you for a scene tomorrow!!!"* Mentrais ddweud fy mod i, ond bûm ar fy nhraed drwy'r nos yn sodro'r geiriau yn fy nghof! Bwthyn mewn man o olygfeydd hardd iawn rhwng Bethesda a Betws-y-Coed ddewiswyd fel lleoliad ar

gyfer y ffilmio. Yr olygfa oedd dau gariad yn galw yn y drws i holi am le i aros, a bu golygfa arall y tu mewn i'r tŷ. Roedd yr Eidalwyr yn hynod wyllt eu tymer, wrth drafod â'i gilydd, gan wylltio bron at daro yn aml. Gofynnwyd i mi fynd i Lundain ar gyfer dybio geiriau, a chafodd Gwilym a finna' aros noson mewn gwesty moethus iawn, trwy drefniant yr Eidalwyr. *'Within Without'* oedd enw'r ffilm, ond chlywais i fawr o sôn amdani, ar wahân i rywun ddweud iddo ei gweld yn Efrog Newydd!

Allan o'i 'hatgofion'.

138

gerddoriaeth 'hudolus' oedd yn gefndir i'r rhaglen, a 'gor-hyder yr Americanwr yn chwarae rhan Winston Churchill; byddai ei or-hyder yn tynnu sylw'.

Cyfres Saesneg arall iddi gael rhan ynddi oedd *District Nurse*, drama gyfres mewn deuddeg rhan, gyda'r actores Nerys Hughes (un o'r *Liver Birds* gynt) yn portreadu nyrs ardal yn gweithio yn un o gymoedd De Cymru ac Elen Roger yn chwarae rhan cymeriad o'r enw 'Sarah Hopkins', a'r ddwy actores yn cyd-daro i'r dim. 'Roedd hi'n gymeriad annwyl iawn,' meddai Elen Roger, 'ac yn ymfalchïo yn ei gwreiddiau Cymraeg'. Mewn sgwrs ar y ffôn roedd Nerys Hughes, hithau, yn ddiddiwedd ei chanmoliaeth i Elen Roger, fel cymeriad ac fel actores: *'Enormously strong character, but a lovely lady. Very professional.'*

89. Ffilmio *District Nurse*, 1984.

## EI CHREFFT

At ei gilydd, bu canmol mawr ar sgiliau actio Elen Roger – fel yn hanes ei brawd yn ei ddydd – ac roedd hithau'n ddigon parod i fwynhau derbyn acoladau o'r fath, heb swilio gormod. Yn ôl pob tystiolaeth, roedd yn un ddigon rhwydd i'w chyfarwyddo, os y teimlai fod y cyfarwyddyd yn un rhesymol ac yn debyg o gryfhau'r perfformiad. 'Doedd hi ddim llawn mor barod, mae'n debyg, i dderbyn beirniadaeth – yn enwedig os y teimlai fod y feirniadaeth honno'n un arwynebol ac annheg, a fyddai hi ddim yn fyr o fynegi'i hanfodlonrwydd. 'Cymysgai'n rhwydd gyda'i chyd-actorion ar y set, o bob oed,' meddai Norman Williams, 'ond roedd pawb yn ymwybodol o'i safonau hi, yn foesol a phroffesiynol ac, o bosibl, yn troedio'n fwy gofalus.'

Fel y dangosodd George P. Owen, actores wrth reddf oedd hi ac nid actores wrth hyfforddiant: 'Actores gymeriadol, ac ar un olwg, *what you see is what you get*, er y gallai hynny fod yn beryglus o gamarweiniol. 'Doedd ganddi na'r llais na'r ymarweddiad i fod yn *neutral* – man cychwyn pob actor a gafodd ei hyfforddi, mae'n debyg. Ond i mi, cryfder oedd hynny, nid gwendid.' Yr hyn wnaeth Jimmy Perry a David Croft, wedi sgriptio penodau cyntaf y gomedi glasur, *Dad's Army*, oedd sylwi ar rodres naturiol Arthur Lowe a'r gorledneisrwydd oedd yn perthyn i John Le Mesurier, a gwau'r nodweddion hynny i mewn i'r cymeriadau roedd y ddau'n eu portreadu ar y teledu – Captain Mainwaring a Sergeant Wilson – gan chwyddo'r nodweddion hynny tu hwnt i bob disgwyl. Dyna, mae'n debyg, ddigwyddodd gyda rhai o'r cymeriadau a bortreadwyd mor effeithiol gan Elen Roger – adeiladu ar yr hyn oedd yn rhan ohoni a'i hymestyn allan. Meddai Nerys Hughes: *'She was real.'*

Wrth gwrs, nid Elen Roger, yr actores y gwyddem ni amdani, fyddai hi wedi bod pe byddai wedi'i hyfforddi i'r gwaith. Mae'n bosibl y byddai hynny wedi'i gwneud hi'n fwy hyblyg ar gyfer chwarae rhychwant ehangach o gymeriadau, ond mae'n anodd meddwl pa sgiliau ychwanegol fyddai wedi dod i'w rhan. Meddai Beryl Williams, a fu'n actio cymaint wrth ei hochr (hi oedd 'Gwen Elis', y 'seren' ym *Minafon*, yn ôl Eigra): 'Sgwrsio am bethau bob dydd y byddai Neli a finnau. Mae'n debyg fod drama yn rhywbeth mor naturiol inni'n dwy nad oedd angen geiriau ar y pwnc.' 'Yr oedd yn reddfol yn gwybod beth oedd yn iawn ar lwyfan,' meddai Buddug James Jones amdani. 'Roedd ganddi'r "presenoldeb" oedd yn sefyll allan: wyneb cofiadwy, llygaid oedd yn eich dal chi a'r ddawn i fynd o dan groen cymeriadau'r ddrama.'

Fel ei brawd, Hugh, roedd ganddi hithau ffortiwn o wyneb ar gyfer drama, ac ar gyfer ffilm yn arbennig, a'r cyfrwng yn medru rhoi mwy pris

90. Gyda Beryl Williams yn *Eistedd Dros Ddŵr*, Rhagfyr 1987.

arno wedyn, drwy chwyddo neu ganolbwyntio, a hithau'n cuchio neu'n dangos ias o ddireidi, yn ôl fel y byddai'r galw; ei llygaid, wedyn, yn ffynhonnau gwerthfawr i ddangos y melys a'r chwerw a mil myrdd o deimladau eraill. Ac os mai un math o lais oedd ganddi ar gyfer drama, fel y sylwodd George Owen, fe allai hi galedu hwnnw, fwy fyth, neu'i dyneru hyd at roi ynddo sŵn dagrau. (Mae amryw'n dal i gofio amdani fel 'Nain Llŷn' yn *Traed Mewn Cyffion*, yn ymdwymo o flaen y tân a'i llais a'i

91. 'Ffortiwn o wyneb ar gyfer drama.'

hedrychiad yn cyfleu'r cyfan.) Cerdded yn bendant y byddai hi ar lwyfan, fel trwy fywyd, ond roedd hi wrth ei bodd yn rhoi osgo fonheddig yn y cerdded hwnnw fel y gwnaeth hi yn *Dwy Briodas Ann, Joni Jones* ac *Owain Glyndŵr*.

'*Never forgot her lines*,' meddai Nerys Hughes amdani, wrth ei chofio'n ffilmio dros fisoedd hir yng nghanol haid o Saeson yn safle'r B.B.C. yn Acton. Ond roedd ganddi fwy crefft na dawn i gofio llinellau; fe wyddai hi wrth reddf, bron, sut i lefaru brawddegau'n gredadwy, Gymreig. Fel y gŵyr pawb fu'n cydweithio â hi, roedd llefaru'n naturiol yn rhyfeddol o bwysig yn ei golwg. Yn wir, pan glywai hi actor neu actores yn tynnu ymadroddion tu chwith allan, neu'n llefaru Cymraeg annaturiol, fyddai'n ddim ganddi holi'n grafog: 'A fel'na ydach chi am 'i ddeud o, ia?' Rhai o'r pethau a roddodd gryfder iddi ar gyfer llefaru, yn ôl J.O., oedd ei bod hi'n hynod o gerddorol, yn ymateb i'r rythmau a geir mewn cerddoriaeth, a'i bod hi, yn ogystal, yn eithriadol o gyfarwydd â throeon ymadrodd ac idiomau Beibl William Morgan.

Fel actores 'ddiwylliedig' y disgrifiwyd hi gan amryw. Wrth ysgrifennu broliant ar gyfer y *Radio Times*, i gyflwyno'r ddrama deledu *Merch Gwern Hywel*, yn nechrau Mawrth 1973, dyfynnodd y diweddar Carwyn James eiriau Saunders Lewis ei hun, ugain mlynedd ynghynt: 'Rhyw ddiwrnod, efallai, fe ddysg actorion Cymraeg, yn wŷr ac yn ferched, ar lwyfan theatr ac yn y stafelloedd darlledu a theledu, nad oes modd bod yn actor da mewn unrhyw iaith heb ddiwylliant eang, heb ddarllen helaeth ar glasuron a llenyddiaeth fyw yr iaith, heb wybodaeth goeth o safonau llafar gorau'r iaith, heb barch i gynaniad, heb syniad uchel am urddas yr iaith lafar.' Yn ddiamau, roedd perfformiad cofiadwy Elen Roger yn *Merch Gwern Hywel* yn ffitio i'r dim i'r hyn oedd gan Saunders mewn golwg.

Roedd ei hagwedd at y grefft o actio, boed hynny ar lwyfan y Theatr Fach neu o flaen camera teledu, yn gwbl broffesiynol. Meddai John Hefin Evans, a fu'n cynhyrchu neu'n cyfarwyddo nifer o'r dramâu teledu y bu Elen Roger yn actio ynddynt: 'Roedd Elen, fel ei brawd, yn actores "*1 Take*". 'Doedd dim malu awyr a ffug ddadansoddi – greddf, dychymyg a synnwyr cyffredin oedd sail unrhyw berfformiad.' Ei greddf actio oedd un peth a drawodd Nerys Hughes wrth weithio hefo hi am y waith gyntaf. Fel y dywedodd hi, mewn sgwrs, o ran proffesiynoldeb teimlai fod Elen Roger yn medru dal ei thir gyda rhai o'r actorion gorau y bu hi'n rhannu llwyfan â hwy. A sôn am ei phroffesiynoldeb, bu'n rhaid ffilmio *Tawel Fan* ar adegau anghymdeithasol ambell dro, naill ai'n hwyr y nos neu yn oriau mân y bore, ond pan fyddai Norman Williams yn awgrymu iddi y gellid 'twyllo ychydig' er mwyn ei harbed rhag gorflino – roedd hi, erbyn hynny, yn wyth deg pump – fe wrthodai unrhyw 'guddio' o'r fath, gan fynnu gwneud y gwaith ei hun, faint bynnag yr aberth.

Pan euthum ati i holi rhai o'i chyd-actorion, a rhai cynhyrchwyr, am ei gwendidau fel actores, naill ai ar lwyfan neu o flaen y camera, amharod iawn oedd pob un i fynegi barn – yn union fel petai Elen Roger, gyda'r llygaid oedd yn medru gwrando, yn dal i edrych dros eu hysgwyddau, neu oherwydd cymaint eu parch i'w dawn. Os oedd rhaid manylu, yr unig wendid achlysurol y sylwodd J.O. Roberts arno oedd tuedd, ambell waith, yn arbennig pan fyddai hi'n cael blas eithriadol ar actio neu gynhyrchu, i roi gormod o baent ar y brws mewn rhai mannau: gor-bwysleisio rhai pethau oedd at ei dant hi, a hynny'n arwain at ddiffyg cynildeb. Hwyrach mai'r gor-fwrw iddi ddigwyddodd mewn golygfa oedd yn cael ei ffilmio ar y stryd yn Llanberis ar gyfer *Gwely a Brecwast*: Norman Williams wedi rhoi cyfarwyddyd i 'Jennie May' daro plisman hefo'i handbag, ond fe roddodd Elen Roger ' y fath warad iddo, nes i'w helmet fflio, ac iddi hithau syrthio ar ei hyd.' Os bu iddi roi gormod o baent ar y brws, o dro i dro, eithriadau prin oedd y troeon hynny; at ei chynildeb fel artist y cyfeirid yn amlach na pheidio. Wrth gyfeirio at ei pherfformiad fel 'Gwenni', yn *Gwyliwch y Paent*, yn nyddiau Rhuthun – a hithau'n cychwyn ar ei thaith fel actores – fe ddywedodd adolygydd y *Denbighshire Free Press*: 'Her art was sufficiently perfect to be concealed . . .' Roedd hi i wireddu hynny am yr hanner can mlynedd oedd i ddilyn.

Erbyn iddi ddod i sylw ar y llwyfan cenedlaethol, ac ar y sgrîn deledu, actores yn tynnu ymlaen oedd hi, yn cydweithio gyda tho ieuengach o actorion a rheini, yn amlach na pheidio, yn ystyried eu hunain yn 'broffesiynol' – yn yr ystyr eu bod nhw naill ai wedi derbyn hyfforddiant neu yn actorion wrth eu bywoliaeth. Bûm yn dyfalu sut berthynas oedd rhwng y blwydd a'r dwyflwydd. 'Roedd hi'n edrych yn styrn a digyfaddawd,' meddai George Owen, 'ond fu erioed ymarweddiad mwy camarweiniol. Roedd hi'n un o'r anwylaf o blant dynion, a'i hymateb cyntaf i bawb oedd gwên yn goleuo'i hwyneb.' Mae gan J. O. Roberts atgofion am ei gofal bugeiliol dros actorion ifanc, yn nechrau'r saithdegau, pan oedd Cwmni Theatr Cymru'n dechrau cerdded y wlad. Canmol eu dawn y byddai hi, gan amlaf – 'Dydyn nhw'n ardderchog' – a dwrdio'n ysgafn pan fyddai chwarae'n troi'n chwerw: 'Sobrwydd mawr, nid hogiau ysgol ydach chi rŵan. Cofiwch rŵan hogiau, ma' llygad y genedl [un o'i hymadroddion stoc] arnoch chi.' Meddai Meic Povey – ac roedd yntau ymhlith y to ifanc 'fugeilid' ganddi yn nyddiau'r Cwmni Theatr - 'Tro dwytha i mi ei gweld oedd yn 1994. Daeth i mewn i Gaffi Cei yn G'narfon, yn rhyfedd ddigon yng nghwmni fy chwaer, Buddug. Roedd Buddug bryd

92. Tlws y Garmon, cynlluniwyd gan Herman Makinson, Dinbych.

hynny wedi bod yn actores broffesiynol ers tua tair blynedd, ac yn ymddangos gydag Elen mewn drama o'r enw *Tawel Fan* i *Ffilmiau Eryri*. Er gwaetha'r gwahaniaeth oed – trigain mlynedd – roedd yn amlwg i mi fod y ddwy yn tynnu 'mlaen yn *champion*, fel tasa nhw wedi 'nabod 'i gilydd 'rioed. Fedrwn i ddim llai na theimlo bod Elen wedi mynd ati i warchod y genhedlaeth nesa'.

Ond fe gafodd ei chofio a'i hanrhydeddu pan ddaeth yr Eisteddfod Genedlaethol i Langefni yn Awst 1983. Fe benderfynodd y Pwyllgor Gwaith, mewn ymgynghoriad â'r Pwyllgor Drama, sefydlu gwobr newydd i gydnabod teilyngdod ym myd y ddrama ac i gyflwyno Tlws Garmon – math o Oscar Cymreig – am gyfraniad arbennig mewn gwahanol feysydd. Panel o arbenigwyr oedd yn gwneud y dewis ac fe aeth y wobr am yr 'Actores Orau' i Elen Roger Jones. Yn rhyfedd iawn, pan aeth y Pwyllgor Drama i drafod y syniad o sefydlu gwobr roedd hi'n anghytuno â'r bwriad:

145

'Roeddwn i'n meddwl fod yna rhy ychydig ohonon ni fel actorion.' Ac er iddi ddweud yn ei blynyddoedd olaf, fel y nodwyd yn flaenorol, mai derbyn y Fedal Gee am ffyddlondeb i'r Ysgol Sul oedd yr anrhydedd uchaf a ddaeth i'w rhan, roedd yn sicr o fod yn falch ryfeddol yn ei chalon o dderbyn Tlws Garmon. Wedi'r cwbl, roedd o'n benllanw i oes faith o ddisgleirio ym myd y ddrama. Sboncio dros y digwyddiad wnaeth hi yn ei 'hatgofion'; roedd y foeseg Biwritanaidd a goleddai yn ei gwarchod rhag dangos unrhyw 'wag ymffrost' – o leiaf 'yn wyneb haul, llygaid goleuni'.

Mae'r rhestr cytundebau – am y gwaith teledu'n arbennig – yn dangos iddi ennill arian da iawn wrth ymarfer ei chrefft; bu ail ddangos ar nifer o'r cyfresi y bu'n actio ynddynt ac fe werthwyd mwy nag un gyfres i wledydd tramor a hithau'n cael tâl ychwanegol. Ond cariad at gelfyddyd oedd actio iddi, yn fwy na gweithio i ennill bara menyn ac ambell deisen. Fe fyddai Elen Roger yn fodlon teithio'n gwbl ddi-dâl i bendraw byd i hyrwyddo'r 'achos' oedd mor agos at ei chalon, ac fe wnaeth hi hynny am gryn hanner can mlynedd. Fe fu peth tyndra, unwaith, rhwng actorion oedd yn dibynnu ar waith actio i gadw cnawd ac asgwrn wrth ei gilydd ac eraill oedd yn gwneud y gwaith fel shifft ychwanegol. Ar ryw ystyr, roedd Elen Roger tu allan i gylch beirniadaeth o'r fath gan mai pensiynwraig a gwraig tŷ oedd hi erbyn hynny, heb fod yn gyflogedig mewn unrhyw alwedigaeth arall.

'Bûm yn cydweithio â hi am flynyddoedd,' meddai George Owen, 'ac ni phrofais i erioed ond y parch uchaf iddi gan bawb a ddaeth o dan ei dylanwad. Roedd hi'n gymeriad unigryw a'r mowld, fel *fly half* Max Boyce, yn sicr wedi'i dorri'n deilchion ar ôl ei dydd.' Fe ddywedodd Meic Povey wrthyf, mai hi gafodd yr argraff fwya' arno o bawb ar ddechrau'i yrfa. Meddai: 'Roedd yn cynrychioli "pont" – sef y genhedlaeth hanfodol honno a welodd yn dda fugeilio'r traddodiad actio yn Gymraeg o'i gadarnle amatur i'r proffesiynol. Nid gormod dweud na fyddai'r ffasiwn beth â phroffesiwn – teledu na theatr – yn bod yng Nghymru heddiw oni bai amdani hi a'i thebyg .'

# 6. PERSONOLIAETH

'AR LWYFAN AWR'

I Elen Roger, roedd y cyrten a wahanai actor oddi wrth gynulleidfa'r theatr bron mor gysegredig ag oedd llen y Deml i'r Iddew – a'r un mor annatod. Ym mlynyddoedd cynnar Theatr Seilo, roedd yna duedd mewn ambell actor, cyn neu wedi perfformiad, i wthio'i ben rhwng y llenni i weld oedd hon a hon, neu hwn a hwn yn bresennol, neu i dderbyn acolad cyfeillion: 'Wel, ylwch eto! Sawl gwaith mae'n rhaid i mi ddeud. Ylwch , ma' hwn i fod yn fur, rhyngoch chi a'r gynulleidfa. Theatr ydi fa'ma, nid festri capal!' Yn ei bywyd bob dydd, 'doedd hi ddim mor byticlar am gadw'r confensiwn. Fel yr eglurodd ei mab, ar sgwrs, 'roedd bywyd i gyd yn fath o ddrama iddi, a fyddai hi byth yn gollwng gafael ar y cymeriad oedd hi'i hun; roedd bod yn "wleidyddol" gywir yn bwysig iawn yn ei golwg. I'r pwrpas hwnnw gallai, weithiau, dwyllo'i hun, er mwyn gwarchod y ddelwedd.'

Ond nid actio byw y byddai hi. I Elen Roger, roedd bywyd yn 'rhodd enbyd', i'w gwarchod yn ofalus a'i rhannu ag eraill. Ond cyn belled ag roedd arddull y byw hwnnw yn y cwestiwn, roedd hi'n anodd gweld, weithiau, ymhle roedd y ffin rhwng bywyd a drama. O bellter pulpud, fe'i gwelais hi, fwy nag unwaith, yn rhoi arian ar y plât casglu – a'r offrwm yn un hael iawn, dybiwn i – ond yn gwneud hynny fel petai hi o flaen camera; yn amseru'r weithred yn ofalus, gan nodio'i phen yn Fethodistaidd i ategu'r hyn oedd yn ei chalon. A phetai yno gamera, 'take one', yn unig, a fyddai wedi bod yn angenrheidiol. 'Roedd yr elfen berfformio'n gryf iawn ynddi,' meddai Geraint, yr hynaf o'i hwyrion, 'nid yn unig pan oedd hi yn perfformio, ond yn ei bywyd bob dydd hefyd. Roeddach chi'n gallu dweud fod nain yn berfformwraig naturiol, yn ddynwaredwraig ac yn storïwraig.'

Nid gwraig gyffredin oedd hi – o bell ffordd. Fel yr awgrymwyd yn flaenorol, roedd hi bob amser yn ymwybodol o dras, er i mi ei chael yn anodd, os nad yn amhosibl, i olrhain y tras hwnnw na gweld o ble yn union y tarddodd. 'Doedd ei chefndir na'i magwraeth ddim yn arbennig o wahanol i amryw a gyd-faged â hi, a chyn belled ag roedd bywyd bob dydd yn y cwestiwn, roedd hi'n werinol braf, yn rhannu'r un diddordebau â llaweroedd eraill yn y gymdeithas. Fel yr eglurodd Maureen Rhys, a fu'n rhannu ystafell â hi sawl gwaith, welodd neb erioed mohoni'n grand o'i cho', a 'doedd hi ddim yn un i wisgo dillad newydd bob lleuad, eto, fe wyddai hi'n union sut i wisgo, gyda steil, ac roedd yna gyt arbennig ar ei brethyn bob amser; ac er y gallai hi sgwrsio'n ddiddiwedd, ddiddig, am bethau cyffredin bywyd – megis tŷ a theulu, digwyddiadau'r dydd a helyntion bro – roedd yna, rhywsut, raen arbennig ar y sgwrsio hwnnw ac iaith i gyd-fynd â hynny.

Y gwir oedd, fod yna ryw awyrgylch o'i chwmpas oedd yn ei gosod ar wahân i bobl eraill ac uwchlaw y wraig gyffredin – pa un bynnag oedd hi'n bwriadu neu'n dymuno hynny. Cefais yr argraff fod yr un math o sifalri'n perthyn i'w brawd, Hugh Griffith, ond ar lwyfan llawer lletach. (Mae'n bosibl mai dyna'r nwyd barodd iddo roi portread mor gredadwy o'r 'Ysgwier Western' hwnnw, yn y ffilm *Tom Jones*, ac i'w chwaer fedru portreadu yr Arglwyddes Grey, yn y ffilm *Owain Glyndŵr*, gyda'r rhwysg angenrheidiol.) Fel y nododd John Ogwen yn ei gyfrol, *Hogyn o Sling*, roedd yna rhyw 'aura' o'i chwmpas, 'y presenoldeb' anniffiniol hwnnw.' Fe ategodd John a Maureen hynny mewn sgwrs, gan ddweud na chlywsant neb erioed yn mentro dangos unrhyw hyfdra tuag ati – hyd yn oed Saeson, na wyddent ddim am ei thras. Roedd y 'wawl' oedd o'i chwmpas fel pe'n ddigon. Nid na fyddai rhai oedd yn blant ei ffafr, megis, yn mentro hwylio'n

93. Yn barod i'r camera!

148

94. 'Calon wrth galon', Maureen Rhys ac Elen Roger, mewn golygfa o *Tywyll Heno*, Kate Roberts, Tachwedd 1986. Rhoddodd berfformiad eithriadol o gofiadwy fel 'Nain Llŷn' yn *Traed Mewn Cyffion*, gan yr un awdur.

agos iawn i'r creigiau, weithiau, dim ond i gael clywed ei hymateb. Roedd Glyn ac Elwyn, Pensarn, o gwmni drama Amlwch, ymhlith y rhai mwyaf rhyfygus, mae'n debyg – yn sibrwd am fynd am beint, neu'n gollwng gair ysgafn o reg – ond ymateb yn yr un cywair y byddai hi: 'Sobrwydd mawr, 'sgynnoch chi ddim c'wilydd, hogiau? . . .' 'Gwrandwch arnoch ych hun, Glyn bach . . .' 'Byddwch yn ofalus, wir, hogiau.'

149

95. Lisabeth Miles, Elen Roger a J. O. Roberts yn *Y Golled*, Kate Roberts, Gorffennaf 1968.

Yn wir, wedi cryn holi a stilio ymhlith ei chydnabod, yn ardal y Marian ac yn y byd actio (sy'n fyd 'torri pennau' ar lawer cyfri), fe'm syfrdanwyd gan faint y parch oedd iddi. Eto, ychydig iawn oedd yn medru bod yn llawiau hefo hi, yn ystyr gyffredin y gair. Roedd ei phersonoliaeth a'i safonau uchel yn peri fod ganddi fwy o gydnabod agos, hwyrach, nag o gyfeillion agos. 'Roedd gan Neli'i phobl,' meddai Beryl Jones, ei chwaer yng nghyfraith, wrth ganmol ei charedigrwydd tuag ati a'i gofal amdani, 'ac os oeddech chi yn llyfrau Neli, popeth yn iawn.' Nid dweud roedd hi fod gwahaniaeth dosbarth yn bwysig yng ngolwg Elen Roger − y gwrthwyneb a fyddai'r gwir − ond dweud fod yr hyn oedd hi o ran personoliaeth a gallu, o ran diddordebau a dawn, yn tynnu rhai ati ac, o angenrheidrwydd, yn cadw eraill hyd braich. Er enghraifft, dim ond rhywun dibris o'i lonyddwch meddwl fyddai'n croesi cleddyfau gydag Elen Roger. Roedd un edrychiad o'i heiddo yn ddigon i sobri rhywun, a'r hanner brawddegau rheini, wedyn, yn islais y theatr, ond ddigon uchel i daro'r post fel bod y pared yn clywed: 'Glywsoch chi'r fath beth . . . ? Fydd raid i mi . . . Wel, be' haru'r . . . ? Be' ydi 'i enw fo, deudwch?' - serch fod yna siawns fechan ei bod hi'n cofio'r enw'n iawn, petai'r amgylchiadau'n wahanol. Yn ei ddydd, fe lwyddodd yr actor, Syr John Gielgud, i fathu brawddegau oedd yn enwog am eu caff gwag ac fe'u gelwid yn Gielgoofs; roedd yr hanner brawddegau a fathodd Elen

150

Roger, i anfon ambell neges i ben ei thaith, yn nodweddiadol ohoni hithau.

Erbyn y dyddiau roedd hi mewn bri, ychydig iawn o actorion oedd yn mentro'i galw yn 'Neli'. Roedd yr hawl i'w gael ar sail hir adnabyddiaeth neu gyda'i chaniatâd. Fe gafodd J. O. Roberts yr hawl hwnnw pan oedd o'n ifanc, a hynny am ei fod yn digwydd bod yng nghwmni W. H. Roberts – un o'i chyfoedion ysgol yn Llangefni – pan oedd y ddau ar daith drwy Gymru gyda John Gwilym Jones yn cyflwyno *Cerddi'r Haf* a *Cherddi'r Gaeaf*: R. Williams Parry. Ar y pryd, roedd y ddau'n perfformio yn Rhuthun ac Elen Roger yn y gynulleidfa. Ar y diwedd, fe ddaeth hi ymlaen i ganmol, yn ôl ei harfer, ac wrth glywed W.H. yn ei chyfarch wrth ei hen enw a J.O. yn ei galw'n 'Musus Jones', fe ddywedodd: 'Ylwch, John, galwch fi'n Neli.' (Roedd hi'n syndod i mi sylwi, yn nyddiau ffilmio *Hufen a Moch Bach*, mai 'Elen' oedd hi i Charles, o bawb.) Fe gafodd Beryl Williams fraint debyg. Meddai yn ei llythyr ataf, ac mae'i sylw yn dweud cymaint am Elen Roger at ddiwedd ei thaith: 'Cofio'r amser y deudodd hi "Galwch fi'n Neli, Beryl. 'Does neb yn g'neud hynny rŵan".'

Fel yr awgrymodd George P. Owen, roedd llawer 'a'i hofn yn y bôn' – ond eu bod nhw'n llwyddo i fygu hynny – ond ofn yn codi oddi ar barchedigaeth oedd o: i'w haberth a'i hegni, ei diwylliant a'i chrebwyll, ei medrusrwydd a'i chryfder, a'r haelioni mawr hwnnw berthynai i'w hysbryd.' Ond yr ofn mwyaf o bob ofn, meddai John Ogwen, oedd ofn ei brifo.

---

'Wrth edrych yn ôl heddiw rydym yn rhyfeddu at y fath egni adeiladol, y llafur a'i gwnaeth yn unigryw, llafur a gweledigaeth ymarferol yr oedd yn ei gynhyrchu mor gyson nes i ni ei gymryd yn rhan o fywyd. Efallai y dylem fod yn onest a dweud, - ei gymryd yn ganiataol, - ac efallai mai dyna'r deyrnged fwyaf. Heddiw fe sylweddolwn faint llafur Elen Roger Jones, ei rym a'i gyraeddiadau, efallai heddiw y sylweddolwn yr aberth a olygai hynny, mewn egni, amser, ac ymroddiad. Roedd rhaid i bethau fod yn iawn. Fedrwn ni ddim diolch digon am hynny chwaith.

Yr oedd yn ffrind i ni i gyd ac fe ddysgasom lawer ganddi, yn fwyaf arbennig pa mor bwysig oedd bwrw iddi, bod heddiw yn llawer iawn nes nag yfory, bod bywyd yn fywyd i'w fwynhau, bod yna rinwedd ym mhawb a phopeth, sut i wrando a chofio a gwerthfawrogi, - a chanmol, a dangos bod yna drefn fawr ar gael oedd yn gofyn i ni i gyd fod yn rhan fywiog ohoni. Os bu esiampl erioed fe'i cawsom gan Elen Roger Jones ac yn y blynyddoedd diwethaf 'ma yr oedd yn batrwm i rai llawer fengach. Chollodd hi erioed ddau lygaid plentyn, chollodd hi erioed ddwy glust plentyn a chollodd hi erioed ddychymyg plentyn chwaith a'u hasio i gyd hefo'i gilydd i lunio un patrwm mawr chwilfrydig a heintus.'

Dewi Jones, yn ei deyrnged iddi ddydd ei hangladd. Ymddangosodd, hefyd, yn *Yr Arwydd*, papur bro cylch Bodafon.

## 'Y TÂN EIRIAS'

'Ambell dro, rhaid cyfaddef,' meddai Megan Roberts, un o'i ffrindiau gorau o ddyddiau Abersoch, 'mi fyddwn i'n ei damio hi am ei brwdfrydedd. 'Doedd dim llonydd i'w gael.' Fe alla' i ddeall y blinder hwnnw'n iawn. Hyd yn oed wedi croesi 'oed yr addewid', roedd ganddi'r fath waddol o egni, nes peri i rai llai gweithgar deimlo'n rhwystredig ac yn annigonol. John Ogwen, eto, yn sôn am ffilmio golygfa gogyfer â *Minafon* a hithau'n rhewynt yng ngodre'r Eifl; actorion llawer iawn ieuengach yn crynu yn yr oerfel, ac yn methu â dal yr oerni, ond Elen Roger yn gynnes ddiddig: 'Rhoi digon amdana' bydda' i.' Hwyrach mai un rhan o'r gyfrinach oedd y pynnau o ddillad a oedd ganddi amdani, yn wanafau ysgafn ar ei gilydd, ond y rhan arall oedd gwres y brwdfrydedd hwnnw oedd yn ddigon i gadw pob rhewynt draw.

Yn ei deyrnged iddi, ddydd ei hangladd, disgrifiodd Dewi Jones y 'llawnder bywyd' a berthynai iddi, fel 'tân eirias . . . y tân cynnes unigryw hwnnw y cawsom ni'r fraint o gael bod yn ei wres.' Un ar dân, ac ar fynd o hyd, oedd hi. O'm blaen i, ar hyn o bryd, mae yna dudalen, *sine die*, o un o'i dyddiaduron, a roddodd Meri Rhiannon yn fenthyg i mi – y flwyddyn oedd 1990 – sy'n cofnodi'r holl gyfarfodydd a digwyddiadau y bu'n chwysu ynglŷn â hwy o fore Sul hyd yn hwyr nos Wener yn ystod wythnos lawn gyntaf mis Tachwedd, ond ar gyfer y Sadwrn mae brawddeg fer sy'n croniclo'i siom, ac ebychnod sy'n tanlinellu'i rhwystredigaeth: 'Cartrefol o orfod.' Erbyn hynny, roedd hi'n ddwy a phedwar ugain!

Fel y ceisiwyd dangos, 'doedd y gwaith llwyfan a'r ffilmio mynych yn llesteirio fawr ddim ar ei gweithgarwch yn lleol. 'A dim chwa dros dro oedd ei brwdfrydedd hi chwaith,' meddai Dewi Jones, 'unwaith y deuai rhywun i gylch ei llafur yr oeddech fel petai chwi wedi ymrwymo o dan lw i wasanaethu Cymru gyfan y munud hwnnw – gan ddechrau wrth eich traed. A dim hwda, dos a gwna oedd hi chwaith, ond ylwch, dowch ac fe wnawn.' Oddi mewn i'w milltir sgwâr, hwyrach mai hyrwyddwraig oedd hi yn fwy na dim arall. Ond arwain y byddai hi fel rheol, dyna'i greddf, a dal i 'deyrnasu' yn y cefndir, wedyn, wedi iddi ennill eraill i dderbyn cyfrifoldeb. Fe'i câi'n anodd, mae'n debyg, i ollwng gafael yn yr awenau unwaith roedd hi wedi cydio mewn gweithgarwch a oedd at ei dant.

Fu fawr neb erioed yn fwy diolchgar na hi. Roedd canmol a diolch yn bethau mawr yn ei golwg ac yn codi o'i brwdfrydedd. Nid ei bod hi'n un i ganmol os nad oedd haeddiant. Ar ddiwedd perfformiad, roedd yn arfer ganddi wthio'i ffordd yn gelfydd drwy'r gynulleidfa at droed y llwyfan, neu i ben y llwyfan os oedd hynny'n angenrheidiol, i ganmol. Ond roedd yna raddau i'r canmol hwnnw. Fel y cyfeiriodd Audrey Mechell yn ystod y

Rhaglen Deyrnged yn Theatr y Maes, os na fyddai perfformiad wedi'i phlesio 'diolch yn fawr iddyn nhw am eu hymdrech' fyddai'i geiriad, ac osgoi gwerthu gormod o ledod. A sawl actor neu gynhyrchydd a glywodd y frawddeg hon ar ddiwedd perfformiad: ''Dydi hi ddim yn ddrama fawr w'chi, ond mi 'gaethoch chi y gorau allan ohoni.' Roedd canmol awgrymog felly yn gymorth i gadw traed pawb ar y ddaear a'u cael i gredu fod pethau

## ER COF AM MRS ELEN ROGER JONES

Ers dryllio'r *Royal Charter*,
Mae esgair o gerrig cyflun
Yn fwa amlwg yng Nghemlyn,
A'i wrthglawdd megis tro braich
Sydd â baich i'w amddiffyn,
Amddiffyn bywyd y glannau.

Ac y mae'r dringo'n drafferth,
Y gaer hon; cans fe'i codwyd
Gan deirw dur y môr llwyd
Â sawl gwth anferth.

A bydd ymwelwyr yn gofyn,
"Pa egni anhygoel oedd hyn?
Pa ryfedd rym a fu yma
I godi'r fath amddiffynfa?"

Felly y dywedwn ninnau am ynni hon a'i bath,
Hi â'i ffydd a'i geiriau a'i chân
A fu'n gwarchod y marian tirion,
A chrynhoi yn glawdd y darnau mân
Rhag hyrddiad pob gwendon,
Rhag gwacter – ystyr difâol ein dyddiau.

Ac yr oedd iddi addfwynder gwraig
I dymheru'r egni, ei storom o ynni;
Fel y bydd heulwen weithiau'n lledaenu,
Tyneru cadernid y meini,
A thaenu cwilt ei goleuni
Mor wiw ar Esgair Gemlyn.

Glyndwr Thomas

Ymddangosodd yn rhifyn Eisteddfod Genedlaethol Môn 1999 o'r *Glorian*, papur bro Llangefni a'r cylch.

gwell yn bosibl. Fel y tystiodd ei merch, roedd ganddi obsesiwn hefo 'anfon gair' at bobl. Cyn i gardiau post Cymraeg ddod yn gyffredin, mae'n debyg i gyhoeddwyr fel Bamforth a'i Gwmni neu Valentine a'i Feibion wneud ffortiwn fach ar ei chorn, oherwydd fe anfonai hi gerdyn at unrhyw un a lwyddodd i gynhesu'i chalon – boed hwnnw'n actor neu'n ddarlithydd, yn bregethwr neu'n ddarlledwr, yn llenor neu'n gantor, yn ddieithryn iddi neu'n deulu, yn ffigur cenedlaethol neu'n warchodwr y 'pethau' oddi mewn i'w gynefin. Yn y blynyddoedd olaf, roedd yn arfer ganddi godi'r ffôn i ganmol.

## 'TWT, TWT!'

Tu cefn i'r brwdfrydedd heintus roedd yna gryfder cymeriad ac ewyllys ddiwyro. Mae hi'n anodd gwybod ai meithrin y cryfder hwnnw a wnaeth hi neu a oedd o'n rhan o'i hetifeddiaeth. Os mai naturiaeth oedd o, yna, mae'n rhaid gofyn o ba ochr i'r teulu y daeth. Ai o ochr William Griffith, ei thad, a lwyddodd i'w ddyrchafu'i hun o fod yn glerc cyffredin ar y rheilffordd i fod yn Brif Ysgrifennydd Addysg Môn, neu a ddaeth o gyfeiriad teulu Ponc yr Efail a fentrodd brynu darn o dir yn etifeddiaeth a'i droi'n ardd? Ond, mae un peth yn wir, fyddai hi ddim wedi cyfrannu fel y gwnaeth hi oni bai am gryfder ei chymeriad.

Wrth gwrs, fe allai'r ewyllys gref honno, ambell waith, pan ddeuai i wrthdrawiad â rhai oedd yr un mor ddiwyro â hi, beri rhwyg. Fe fyddwn i'n llai na gonest, petawn i ddim yn cyfeirio at un neu ddau y deuthum ar draws eu llwybrau, wrth wneud hyn o ymchwil, oedd yn cofio trol yn cael ei throi a phethau'n mynd yn ffliwt. Ond iddi hi, rhywbeth i'w anghofio'n fuan fyddai sgôl o'r fath, ac fe âi ati i ailgydio mewn pethau gyda'r un egni, heb chwerwi – beth bynnag am y rhai a glwyfwyd. Symud ymlaen a gwella pethau oedd ei nod hi bob amser.

Roedd hi'n feistres ar y sylw cyrhaeddgar oedd yn crynhoi, mewn ychydig eiriau dethol, sut yn union roedd hi'n teimlo, lle'n union y safai, a beth oedd ei barn am ei gwrthwynebydd neu am ei wrthwynebiad. Mae gen i gof am glywed ergyd o'r fath yn cael ei gollwng pan oedd hi'n cynhyrchu un o'n pasiantau yn Theatr Seilo. Y noson honno, roedd hi, nid yn unig yn gyfrifol am y cynhyrchiad, ond yn llefaru o'r llwyfan yn ogystal. Rhwng hynny, a chrwydro yn ôl a blaen tu ôl i'r llenni i weld fod pawb a phopeth yn ei le, câi drafferth i gyrraedd at y meic ar yr union bryd, ac i sefyll o fewn hyd rhesymol iddo, gyda'r canlyniad nad oedd hi'n ddigon clywadwy bob amser. Wedi magu digon o wroldeb, fe aeth y Parch. Huw Jones – Rhuddlan, erbyn hyn, Bala bryd hynny – ati a dweud hynny wrthi. Fi gamgymeriad mawr oedd ychwanegu, yn hanner ymddiheurol, 'Cofiwch, 'dydw innau ddim yn clywad gystal â hynny hefo un glust.' A dyma'r ateb yn dod, fel ergyd o wn, 'Cofiwch chithau, fedar y theatr ddim ond cetro ar gyfar pobl normal!'

A sôn am ei pherthynas â'r llwyfan, un asgwrn cynnen ambell dro, fyddai amharodrwydd, neu anallu, actor neu actores amatur i ymddwyn ac actio yn unol â'r safonau oedd ganddi hi mewn golwg. Nid diffyg cydymdeimlad â rhai llai sgilgar oedd hynny, ond y mynnu hwnnw fod pob actor yn rhoi o'i orau – faint bynnag ei ddawn. Fe allai hynny roi sbocsen yn yr olwyn ar dro.

'Rwan, sefwch chi yn fa'ma. Yn fa'ma, ylwch.'

'Ond, Musus Jones, yn fa'ma deudoch chi wrtha' i am sefyll neithiwr.'

'Wel, ydi o wahaniaeth?'

Roedd o wahaniaeth i actor oedd yn troedio'r byrddau am y waith gyntaf, ac wedi hoelio'i hun i'r union droedfedd sgwâr y dywedwyd wrtho ef neu hi am sefyll arno wyth awr a deugain ynghynt.

Weithiau, fe ddeuai saib annisgwyl am fod actor wedi neidio dros air a'r sawl oedd i'w ddilyn heb gael y ciw y bu'n hir ddisgwyl amdano.

'Rwan, ymlaen â ni, yn reit handi. Mi fydd y cyhoedd yma nos Lun.'

'Ond, Musus Jones, ddaru neb ddeud y gair 'ia' eto.'

'Wel ydi o'n fatar o fyw neu farw bod rywun yn deud 'ia'?'

'Ond, mae o i lawr fa'ma. Ar y darn papur ge's i gynnoch chi.'

'Rwan, 'ngwasi,' wrth yr actor a syrthiodd ar air, 'deudwch chi "ia", dros y lle, iddo fo ga'l 'i glywad o.'

Wrth gwrs, fyddai dramodydd ddim yn dwyn achos o lên-ladrad am fod yna un gair ar goll o'i ddrama, ond i actor ansicr, oedd yn dibynnu ar gael y ciw priodol cyn camu i'r golau, roedd clywed yr 'ia' yn anadl einioes.

Serch ei bod hi'n actores o'i chorun i'w sawdl, fe'i câi hi'n anodd, os nad yn amhosibl, i guddio'i theimladau. Roedd ei hwyneb, rhywfodd, bob

96. Yn actores o'i chorun i'w sawdl.

amser yn ei bradychu. Mewn cyngerdd, eisteddfod neu ddarlith – hyd yn oed oedfa – byddai'n ymateb yn reddfol i'r hyn a glywai: nodio'i phen yn gymeradwyol, gyda gwên, a'i llygaid bron ar gau, os byddai'r perfformiad wrth ei bodd, ond ysgwyd ei phen yn dosturiol os byddai rhywun yn tramgwyddo – gan fynd cyn belled a chwythu ambell 'twt, twt', drwy'i dannedd, os byddai'r tramgwydd hwnnw'n un mawr. Nid yn unig roedd ganddi farn aeddfed am werth perfformiad, roedd hi, hefyd, yn tueddu i sensro chwaeth foesol yr hyn oedd yn cael ei gyflwyno, yn unol â'r hyn oedd hi'n ei gredu. Yn ei chynefin, ac ymhlith y bobl oedd yn ei hadnabod yn dda, roedd hi'n medru bod yn gydwybod i gynulleidfa gyfan. Os byddai Elen Roger yn cymeradwyo stori o lwyfan, yna fe ymollyngai'r gynulleidfa i chwerthin yn harti, ond os byddai hi yn anghymeradwyo, yna, roedd rhaid mygu'r chwerthin a'i gadw at eto – o barch i'w safonau.

---

'Ro'n i'n ca'l llawar iawn o gysur yn cyflwyno yn Eisteddfod Marian-glas ac mi fydda' yna adroddiad digri yno. (Ac mi fyddwn i'n g'neud hyn o bwrpas) Roedd yna un wraig yn dwad yno bob blwyddyn – ac roedd hi wedi bod yn dwad yno am tua pedair blynadd – ac roedd hi'n adrodd yr un adroddiad. A 'dw i'n cofio ma'r adroddiad oedd - 'Yr Ail Hynimŵn'. Ac wrth ddeud be' oedd y wraig yn ei adrodd ro'n i'n edrach ar Elen Roger Jones, ac o'n i'n gweld 'i hwynab hi - "Pw!".'

Owen Parry, wrth gadeirio y Rhaglen Deyrnged yn Theatr y Maes. Mae'n siŵr fod 'Yr Ail Hynimŵn' wedi hen oeri erbyn hyn a neb, bellach, yn fodlon cynnig am y tlws ar gorn adroddiad o'r fath.

---

## 'DIGON O RYFEDDOD'

O ran dirnadaeth, roedd hi'n wraig a oedd wedi codi'n fore, yn effro i bob symudiad o'i chwmpas ac yn ymddiddori'n fawr yng ngwleidyddiaeth y dydd, gan ddarllen yr *Independent* a datrys croeseiriau yn ei hen ddyddiau. Erbyn hynny, roedd *Newsnight* yn un o'i hoff raglenni teledu, a hithau'n cael gwefr wrth wylio'i hoff gyfwelwr ar raglenni Saesneg, Jeremy Paxman, yn ffureta'i ffordd drwy sefyllfaoedd cymhleth neu'n rhostio gwleidyddion dauwynebog; hwyrach mai'i theimlad oedd, o gofio'i gwrthwynebiad i unrhyw anonestrwydd – 'O! na fyddwn yno fy hunan.'

Roedd ganddi'r ddawn i gael ei synnu gan 'sioe o sêr' ac i ryfeddu at 'sblôut o fachlud', a'i hymadrodd am unrhyw harddwch a welai hi – boed hwnnw ym myd natur, mewn darn o lenyddiaeth neu mewn geiriau oddi ar lwyfan – oedd, 'dydi o'n ddigon o ryfeddod'. Ond serch ei synhwyrau effro a'i chrebwyll craff, fe berthynai iddi, hefyd, yr hunan-anghofrwydd hwnnw sy'n nodweddu, medda' nhw, pob athrylith. Fe allai hi, ar brydiau, fyw 'uwchlaw cymylau amser' a bod yn ddibris ddigon o fanylion fel lle a phryd. Roedd gan ei hŵyr, Geraint, stori sy'n profi hynny. Adeg Eisteddfod Genedlaethol Cwm Rhymni, roedd Nain wedi trefnu i fynd yno gyda bŷs Caelloi. Ond pan ddanfonodd Geraint hi i Fangor, erbyn wyth o'r gloch, bore Gwener, 'doedd yna ddim siw na miw am fŷs Caelloi – na bŷs yr un cwmni arall o ran hynny. Dyna pryd y cofiodd Elen Roger mai ar gyfer drannoeth, bore Sadwrn, y gwnaed y trefniant! Ond roedd hi wedi codi'n rhy fore – yn llythrennol ac yn yr ystyr ffigurol – i fynd yn bric pwdin cymdogaeth gyfan: 'Geraint, paid â mynd â fi yn ôl i'r Marian. Fydd pobl yn meddwl fy mod i wedi drysu. Fasat ti, 'ngwasi, yn mynd â fi i Fodloneb? 'Neith neb fy ngweld i

Rhywbeth oeddan ni'n drafod yn aml iawn hefo Nain oedd gwleidyddiaeth a materion cyfoes. Roedd hi'n ymddiddori'n fawr yn y byd gwleidyddol, yn rhyngwladol, hyd at y diwedd. Un peth diddorol amdani, sy'n ymddangos yn ecsentrig hwyrach, oedd ei harfer o dorri mapiau allan o'r papurau newydd – os oedd y mapiau hynny'n rhai pwysig yn ei golwg. Pan oedd yr holl drafferthion yn dechrau yn yr hen Iwgoslafia – wrth gwrs, roedd y sefyllfa'n gymhleth, hefo'r holl wledydd newydd – beth wnaeth hi, oedd torri map allan o'r *Independent* a rhoi'r map i fyny ar wal y gegin. Felly, pan fyddai hi'n gwrando ar y radio, roedd hi'n medru gweld ble roedd y gwledydd yma. 'Dw' i'n ei chofio hi'n gwneud hynny gyda sefyllfaoedd eraill hefyd.

Geraint Ellis, eto, yn ystod yr un sgwrs.

yn fan'no.' A wardio ym Modlondeb, Talwrn, wnaeth hi dros nos, a dal y býs fore trannoeth fel petai dim wedi digwydd.

Hwyrach mai'r 'byw uchel' yma oedd yn gyfrifol nad oedd hi'r ablaf o yrwyr car. Meddai George Owen: 'Roedd yna drindod o actorion o Fôn – W. H. Roberts, Niwbwrch; Glyn Williams, Pensarn a Charles Williams, Bodffordd – y tri wedi'n gadael, gwaetha'r modd – oedd yn ei hadnabod ers blynyddoedd a mawr fyddai'r rhialtwch ar deithiau i Gaerdydd yng nghar Elen. Mae'n debyg ei bod hi'n ddreifar sobr o ddiofal, a dweud y lleiaf: y sgwrs yn ddifyr, y straeon yn byrlymu ac, wrth gwrs, byddai'n anghwrtais i beidio â wynebu'r sawl oedd yn doethinebu yn y cefn, a'r car yn anelu am y clawdd pellaf!' Roedd gan John Ogwen atgofion digon tebyg: Elen yn gyrru'r car ac yn troi'n ôl at y rhai eisteddai yn y cefn, 'Ylwch yr eithin 'ma. Wel, 'tydi o'n fendigedig . . .' Charles yn gwichian gweiddi, 'Ffor' acw, Musus Jôs!'

'Does dim sôn iddi gael damweiniau mawr. O'm hatgofion i, o'i hwylio i'w thaith o Gaernarfon i Farian-glas, a hithau'n berfedd nos, tueld oedd ynddi i bwyso'r sbardun at y coed cyn cychwyn – i'r merlyn gael digon o ddiod, fel petai – yna ramio'r car i'w gêr, ac i ffwrdd â hi. Rwy'n ei chofio, unwaith, yn rhoi cusan ysgafn i fympar car arall a holi'n ddigon di-daro: 'Ddaru mi hitio rwbath deudwch?' Minnau, wedyn, yn dweud y gwir ond yn osgoi gwneud môr a mynydd o'r peth, a chael yr ateb, 'Dyna'r drwg, pan fydd pobol wedi parcio rhy agos i chi.'

Gyrwraig hynod o araf oedd hi, yn ôl pob cownt. Yn fuan wedi iddi adael Caernarfon un noson, fe'i stopiwyd gan yr heddlu - 'oedd heb ddim gwell i'w wneud,' chwedl hithau – nid am dorri'r rheol cyflymdra, deugain milltir

---

'Yn y blynyddoedd dwytha 'ma, hefo býs Caelloi, neu Lanfaethlu, y bydda' Elen yn mynd i'r Eisteddfod, ond, yn anffodus, ro'dd yn rhaid iddi adael y Maes yn gynnar, 'dach chi'n gweld, cyn gweld un o berfformiadau gyda'r nos. Ond yn yr Eisteddfod y bu hi, ac mi lwyddodd i ga'l pas adra i'r gwesty yn Llandrindod. Ar ôl cyrraedd Llandrindod, y dreifar yn gofyn, "Pa westy ydach chi, Mrs Jones?" "Dw i'm yn gw'bod. Mae o ffor'ma yn rwla." Dreifio dipyn bach mwy, wedyn. "Be' o'dd enw'r gwesty, Mrs Jones?" "O 'dydw i ddim yn gw'bod. 'Does 'na ddim llawar ohonyn nhw yn Llandrindod 'ma'."

Ond, ymhen hir a hwyr, fe gafwyd hyd i'r gwesty. Mi ddaru gyrrwr y car gamgymeriad dybryd, mi ddaru o gamgymeriad ofnadwy, pan ofynnodd o i Elen, ar Faes yr Eisteddfod, y bora wedyn, "Wel, 'dach chi'n cofio lle 'dach chi'n cysgu heno, Mrs Jones?" "Wrth gwrs 'mod i'n cofio! Be haru chi, ddyn!"

Stori adroddodd Tony Jones amdani o lwyfan Theatr y Maes, yn ystod y Rhaglen Deyrnged, er mawr ddifyrrwch i'r rhai oedd yn adnabod ei ffyrdd.

97. Clwb y Marian, wrth yr Hen Ygol, yn cyflwyno siec am £125 i Ysgol Arbennig Treborth, Bangor, Mehefin 1982. Elen Roger yw'r pedwerydd o'r chwith yn y rhes flaen a'r prifathro, W. P. Williams, wrth ei hochr.

yr awr, ond am yrru'n anghyffredin o araf. Y noson honno, mi fyddwn i wrth fy modd pe bawn yn wyfyn ar fonet yr *Escort*, er mwyn i mi gael gwrando'r howdidŵ fu rhwng y ddau. ' S'gin i ond gobeithio mai Cymro Cymraeg oedd y plisman sbidio hwnnw, a'i fod, er ei les ei hun, yn llefaru'r iaith honno'n weddol groyw.

Hwyrach mai o'r hunan-anghofrwydd hwn y tarddai, hefyd, ei hysbryd hynod haelionus. Yn ôl ei theulu, byddai unrhyw argyfwng y clywai hi amdano, neu weld ei ganlyniadau ar y teledu, yn peri iddi agor ei dwylo yn y fan a chyfrannu'n ymarferol. Roedd achosion dyngarol o bob math, ynghyd ag anghenion yr eglwys leol, yn agos iawn at ei chalon. Dyna un peth amdani – yr haelioni parod lle roedd hi'n gweld angen – sy'n dal yng nghof y Parch. Cynwil Williams wedi'r bererindod honno i Israel, fwy nag ugain mlynedd yn ôl: 'Galw ar y dde i weld tŷ gwraig fyddai'n agor ei chartref er mwyn i ymwelwyr weld y math o dlodi oedd yno. Roedd ganddi naw o blant, yn gymysg â'r defaid a'r geifr oedd yn y tŷ, a thu allan yn y

159

'Wel, dyma ni'n cychwyn rhyw ddeg o'r gloch y bore. Ar ôl rhyw hannar awr, mi sylweddolais i fod Neli yn g'neud rhyw fymryn o *continental driving* 'te – ganol y ffordd – ac os oedd hi'n gweld rhwbath ar y dde oedd hi'n tynnu'ch sylw chi at y peth. "O! Nesta, sbiwch ar y f . . . O!" (A 'doedd hi byth yn gorffen beth oedd hi'n ddeud, ac oedd hynny'n beth annwyl iawn.) " O! 'tydyn nhw fe . . . O!" "Neli bach," medda fi, "ydach chi yng nghanol y ffordd." Wedyn, pobl yn twtio o'r tu ôl. "O! 'dydi pawb mewn brys, deudwch." Wedyn, pan oeddan ni wedi cyrraedd tua hannar y ffordd, "Beth am bryd bwyd, Nesta?" Reit, pryd bwyd, a chymryd digon o amsar dros hwnnw. Wedyn, yn ein blaenau. "Wyddoch chi, Nesta, ma' 'na le bach yn fan'na, i'r dde" – yn g'neud *continental driving* eto – "O! yn g'neud leicecs bendigedig. Panad bach fan'na." Ro'n i'n reit falch, achos ro'n i'n gyrru'r car fy hun, 'dach chi'n gweld. Wel, i dorri'r stori'n fyr, deg o'r gloch y nos ddaru ni gyrra'dd Caerdydd!'

Nesta Harries – y ddwy wedi bod yn ffrindiau er diwedd y dauddegau, ymhell cyn dyddiau'r cyd actio – yn sôn, ar dâp, am daith enbyd o hir o berfedd gwlad Môn i Gaerdydd. Canol y chwedegau oedd hi, a'r achlysur, mae'n debyg, oedd ffilmio drama Wil Sam – *Dalar Deg*.

cwrt. Roedd Mrs Elen Roger Jones yn un o'r rhai cyntaf i mewn, a phan ddechreuodd y plant (eu hen arfer) fegera, rhoddodd ddyrnaid o arian y wlad iddynt (*Shekels*). Roedd yr athrawes wedi cael ei chyffroi'n barod . . .'

## 'SOBRWYDD MAWR'

Fe awgrymodd Dewi Jones mai'r allwedd i'w holl egni a'i gweithgarwch oedd ei chred: '. . . credai Elen Roger Jones yn ddiamod yn yr Arglwydd ei Duw ac yn Iesu Grist ac roedd hynny'n euro ei holl wneud a'i holl ddweud.' Hwyrach iddo daro'r hoelen ar ei phen. Roedd ei chrefydd yn rhywbeth y daliodd afael tyn arno o ddyddiau'i phlentyndod hyd y diwedd, serch pob newid a fu. Fe gyfeiriodd Owen Parry at hynny o lwyfan Theatr y Maes: 'Petawn i'n tynnu darlun ohoni hi, ychydig iawn, iawn o amser cyn iddi ymadael â'r hen fyd yma, ei gweld hi'n cerdded canol y ffordd, a hithau'n nawdeg oed, i gapel Nyth Clyd y Talwrn. Dyna i chi ddarlun i mi nag eith o byth o'm meddwl i – y wraig oedrannus yma, yn cerdded am hanner awr wedi naw bore Sul, i gapel ac i oedfa.'

Yn annisgwyl braidd, ar wahân i'w dawn ar lwyfan, ei hargyhoeddiadau Cristnogol a'i sêl dros grefydd oedd y pethau a adawodd yr argraff ddyfnaf ar lawer o'i chyd-actorion. Nid bod Elen Roger yn orthrymus ynglŷn â'r hyn oedd hi'n ei gredu, nac yn anoddefgar at rai a gredai'n wahanol. Meddai Meic Povey, yn ei lythyr ataf: 'Erbyn heddiw, mi fedraf lawn werthfawrogi pa mor ofnadwy o bwysig oedd ei chrefydd iddi. Ar y pryd, ar y lôn o Fôn i Fynwy – a hithau ymhlith criw o betha' ifanc, gwyllt – prin y byddech chi'n sylwi. Ddaru hi 'rioed wthio'i daliadau ar yr un ohono' ni.'

'Doedd ei goddefgarwch ddim yn gyfystyr â dweud ei bod hi'n fodlon gwerthu'i genedigaeth fraint i neb. Ildio modfedd y byddai hi, ar y mwyaf, a chadw llathen. Roedd hynny'n wir am ei hymateb i'r newidiadau ym myd y ddrama. Serch iddi wfftio at ragrith y gorffennol, roedd hi bob amser yn rhybuddio – fel y gwnaeth hi ar y rhaglen *Portread* – rhag symud gormod ar yr hen derfynau. Fel y dywedwyd yn flaenorol, wrth sgriptio *Minafon*, roedd Eigra yn meddwl yn benodol am Elen Roger i bortreadu 'Hannah Haleliwia', ond pan ofynnodd Glyn Evans iddi am ei hymateb i'r cymeriad roedd hi'n ei chwarae mor ddeheuig, dyma oedd ei barn: ''Fuaswn i ddim yn dweud fy mod i yn ei hoffi hi, ond eto efallai bod eisiau, ar brydiau, dipyn bach o'r hyn sydd yn ei chymeriad hi er lles cymdeithas, ond nid y cyfan.'

98. ''Tydi pregethau neis ddim yn mynd i ddwad â'r byd at ei goed': 'Hannah Haleliwia' yn y ddrama gyfres *Minafon*.

Nid bod popeth a ddigwyddai ym myd crefydd at ei chwaeth nac, ychwaith, wrth ei bodd. Mae'n debyg y credai hi'r hyn a lefarodd hi, unwaith, wrth drigolion cegrwth *Minafon* drwy enau 'Hannah Mary' (diolch i Eigra): ''Tydi pregethau neis ddim yn mynd i ddwad â'r byd at ei goed'. Ond fel y cyfeiriodd J. O. Roberts, ar sgwrs, pan fyddai eraill yn y gymdeithas o dan y llach am fod yn brin o ymroddiad neu ddiffyg asgwrn cefn – actorion neu athrawon, gan amlaf – fe ddeuai gweinidogion allan ohoni'n rhyfeddol: 'Wel, mae'r dyn yn g'neud 'i orau yn 'dydi' neu 'Cofiwch, mae o'n dda iawn hefo plant'. Hwyrach mai'i magwraeth grefyddol, neu'i hedmygedd o'r gweinidog a ddaeth yn dad yng nghyfraith iddi, oedd yn peri bod eraill ohonom, o'r un alwedigaeth, yn cael gwell na'n haeddiant.

Ei dirwest, yn yr ystyr o lwyrymwrthod â diodydd meddwol, oedd un o'r pethau a'i gwnâi'n wahanol, yn arbennig felly yn y byd actio – fel cocatŵ mewn cwt ieir, a defnyddio un o idiomau Pen Llŷn. Ond wedi rhoi'r 'addewid', yn y *Band of Hope* yn Mharadwys, cyn y Rhyfel Byd Cyntaf, a hynny yng nghlyw ei thad yng nghyfraith, 'doedd yna ddim glastwreiddio ar y llw dirwestol hwnnw o hynny ymlaen, costied a gostio.

Ar ddiwedd ffilmio cyfres deledu, neu wrth i ddrama ddod i ben y dalar, mae hi'n arfer i foddi'r cynhaeaf, ac yn y dyddiau pan oedd yna fwy o arian yn y diwydiant roedd tuedd i droi dŵr yn win. Fe gafodd Elen Roger gyfle i fanteisio ar ugeiniau lawer o bartïon o'r fath ond tueddu i fynd adref cyn y rhialtwch y byddai hi. Byddai ambell un, mae'n debyg, yn osgoi estyn gwahoddiad iddi i sesiwn o'r fath – gan dybio y byddai hi'n sicr o wrthod, beth bynnag, neu rhag ei hannifyrru'n ormodol.

Ond, unwaith eto, fel yr eglurodd John Ogwen a Maureen Rhys, fyddai hi ddim yn gorfodi'i hargyhoeddiad ar neb arall. Os oedd un neu ddau yn chwerthin tu ôl i'w llewys, ei pharchu am fod yn driw iddi'i hun a wnâi'r mwyafrif mawr gan ei hystyried yn fath o gydwybod i rai gwannach. Ar dro, fe âi cyn belled â thalu am rownd i bawb, yn gyfnewid am yr orenjêd a brynwyd iddi. Y tuedd bryd hynny oedd ordro'n fwy cymedrol a dewis diodydd meddalach – a hynny, unwaith yn rhagor, o barch tuag ati. Ar wahân i un noson, mewn gwesty ym Manceinion, yn niwedd y saithdegau. Roedd Nesta Harries a hithau wedi bod yn ffilmio cyfres, chwe phennod, i Granada, o'r enw *Fallen Hero*, ac Elen Roger – am ei bod hi'r noson olaf, mae'n debyg – wedi penderfynu aros noson yn hytrach na dychwelyd i Farian-glas yn ôl ei harfer. Wedi iddi gael sawl gwydriad o orenjêd, ar draul eraill, dyma hi'n troi at Nesta Harries, ac yn sibrwd wrthi, 'Wyddoch chi be', dw' i'n teimlo'n annifyr, Nesta bach. Ddylwn i dalu am rownd, deudwch?'

'S'dim ots am hynny.'

'O, na-na, ma' nhw'n garedig sobr.'

Heb ddirnad maint eu syched, na phris y farchnad, fe aeth Elen Roger i'w phwrs a thynnu allan bunt! Mae Nesta Harries yn dal i chwerthin wrth gofio fel y bu i *'Neli's round'*, chwedl y Saeson, gostio pymtheg arall iddi. Ond os mai pysgodyn allan o ddŵr oedd hi yn y bar, yn ôl Nesta Harries roedd 'pobl Manceinion wedi mopio hefo hi' a hithau'n ffefryn y cynhyrchydd a'r cast.

Ar gwestiwn dirwest, bu'n fymryn o ymdaro rhyngddi a rhai o selogion y Theatr Fach pan benderfynwyd y dylid cael bar yn yr adeilad hwnnw, a hithau, yn naturiol, yn erbyn y bwriad. Fe wyddai o'r dechrau, mae'n debyg, mai ymladd brwydr seithug roedd hi, a cholli'r dydd fu ei hanes, ond fe wnaeth hi hynny'n rasol, heb chwerwi a chyda'i hiwmor arbennig ei hun.

99. Nesta Harries ac Elen Roger yn *Eistedd Dros Ddŵr.* Yn y cefn: Megan Evans a Dorothy Miarzynska.

'Mi ddeuda' i wrthach chi, fe ddaeth y bar. Ac o'n i yno, hefo dau gymeriad o gyfeiriad Amlwch, y diweddar Glyn Williams ac Elwyn Pensarn – Elwyn Hughes. Mi o'dd 'na barti yno ar y diwadd. Rwan, roedd y bar wedi agor, ac mi roedd Elen Roger Jones yn mynd o gwmpas. Wel, i'r rheini oedd isio rhyw lyma'd, rwan, sut i' ga'l o? A 'dw i ddim yn meddwl fod yna gymaint o yfad o gwpanau te erioed wedi bod â'r noson honno! A ninnau'n meddwl ein bod ni'n ei thwyllo hi. A dyma hi'n dwad heibio, ac at Glyn wrth gwrs. ('Ganddi feddwl y byd o'r hogiau yma, hen gwmni drama Amlwch.) A dyma hi'n rhyw edrach ar y gwpan: "Sobrwydd mawr, wyt ti ddim yn cym'yd llefrith rwan?"'

Owen Parry, o lwyfan Theatr y Maes, yn sôn am ergyd olaf Elen Roger ym mrwydr y bar – ergyd oedd yn dangos ei direidi cyrhaeddgar.

## 'PRIODAS A DREFNWYD YM MHARADWYS'

Ond serch i Elen Roger, ar lawer cyfri, ddod yn eiddo i'r cyhoedd – ac i'r cyhoedd hwnnw, nid yn unig ddangos gwrogaeth iddi ond manteisio'n ddiddiwedd ar ei hynni creadigol a'i hysbryd o wasanaeth – dynes teulu oedd hithau yn y bôn.

I ddechrau, stori dau oedd hi. Y gwir amdani oedd, na fyddai hi ddim wedi cyflawni hanner y gwaith, oni bai fod Gwilym yn fodlon cadw gŵyl bentan pan oedd ei briod ar gerdded. Pan fyddai hi wedi bod yn Theatr Seilo, ac yn galw yn ein tŷ ni am gwpanaid, a bysedd y cloc yn mynd i weddïo am hanner nos, fe orchmynnai: 'Ylwch, ffoniwch Gwilym, a deudwch wrtho fo na fydda' i ddim yn hir, ac iddo fo gym'yd panad a mynd i'w wely.' Ymhen hir a hwyr – wedi trafod sut i 'gywiro rhyw wall' neu'i gilydd – y byddai hi'n meddwl am danio'r *Escort*, a chan mai hamddenol ryfeddol fyddai'r daith wedyn, o Gaernarfon i Farian-glas, byddai'r te wedi hen oeri cyn iddi gyrraedd y Wylfa. Ond roedd hi'r un mor wir ei fod yntau, bob amser, yn falch o'i llwyddiant ar y llwyfannau ac yn gwbl deyrngar a

100. Y ferch, Meri Rhiannon Elis, yn sefyll wrth 'ddresel Brynmawr'.

101. Y mab, Wiliam Roger Jones, Prifathro Ysgol Botwnnog.

chefnogol iddi. Dyna a ddisgwylid oddi mewn i briodas a drefnwyd ym Mharadwys! A hyd y gwn i, ac yn ôl popeth a glywais, priodas felly fu hi.

Ond nid stori dau yn unig oedd hi. Roedd Elen Roger yn ddynes teulu hyd at y drydedd a'r bedwaredd genhedlaeth – yn ôl ac ymlaen. Gyda'i phlant, a phlant ei phlant, bu'n uchelgeisiol a chefnogol ac yn falch iawn o'u llwyddiannau. Fe dybiwn i, o edrych ar y peth o bell, ei bod hi'n weddol fodlon ei byd pan benderfynodd ei phlant fynd i fyd addysg, a disgleirio yno, ac roedd hi'n fwy na balch, o gofio'i chariad mawr at gerddoriaeth, i'r ddau ohonynt ddod yn offerynwyr medrus – Meri ar y delyn a William gyda'r clarinét. Nid bod y ddwy genhedlaeth, o angenrheidrwydd, wedi gweld llygad yn llygad ar bob pwnc, na bod y naill genhedlaeth na'r llall wedi plygu i'r drefn ar bob achlysur. Fel 'nain naturiol' y cyfeiriodd Geraint ati, ac mae'n debyg y byddai gweddill ei hwyrion a'i hwyresau wedi eilio

102. Plant y plant yn 1997.
*O'r chwith i'r dde:* Branwen, Sioned, Gethin, Geraint, Rhodri.

hynny, petawn i wedi gofyn am eu barn. Fel y 'nain naturiol', roedd campau'r wyrion a'r wyresau yn fwy o destun ymffrost fyth iddi, ac roedd eu campau hwy yn delyn y byddai'n fodlon ei chanu ar unrhyw adeg.

Ond y hi, nid fi, a ddylai gael y gair olaf ar fater fel hwn. Sôn am ei theulu estynedig wnaeth hi wrth gloi'i 'hatgofion' a hynny gyda diolchgarwch ac anwyldeb: 'Byddai Gwilym a finnau yn sôn yn aml mor ffodus y buom yn cael mab a merch yng nghyfraith yr oeddem mor hoff ohonynt. Yn ystod ei blwyddyn olaf, tra'n gwneud ei chwrs Ymarfer Dysgu yn y Brifysgol yng

Cafodd Elen Roger fyw bywyd hynod o lawn am ddeng mlynedd wedi iddi golli'i phriod. Bu farw'n dawel 15 Ebrill 1999 yn ddeg a phedwar ugain. Ddeufis ynghynt roedd hi yn ei sedd arferol yn y Theatr Fach, yn gwylio *Ar y Groesffordd*, R. G. Berry, ac yn ôl ei harfer anfonodd air cynnes o werthfawrogiad i'r *Glorian* – un o'r pethau olaf a ysgrifennodd: 'Ar nos Fercher y cefais i'r mwynhad o'i gwylio gyda chynulliad teilwng [ymadrodd a glywodd, sawl tro ym Mharadwys], a chymaint fu'r ganmoliaeth, fel y sicrhawyd Theatr lawn am weddill yr wythnos. Yn wir, yn ôl a glywaf, bu rhaid ciwio i fynd i mewn ar y nosweithiau eraill.' Nid marw wnaeth hi; dim ond cerdded o'r llwyfan, gydag urddas.

Nghaerdydd y cyfarfu Meri â Richard, sy'n hanu o Fynydd Cynffig. Un o
Amlwch yw Wini, o deulu yr oeddem yn ei adnabod yn dda, sef teulu
Corwas. Rwy'n falch fod mam wedi cael cyfarfod â Richard – pan ddaeth i
fyny adeg y dyweddïad; roedd hi wedi ein gadael, cyn y briodas. Cafodd
gyfarfod â Wini sawl tro. Cofiaf yn dda gymaint o gysur i Gwilym a finnau
roddodd ein hwyrion, Geraint, Gethin a Rhodri, a'n hwyresau, Branwen a
Sioned. Bûm eto'n ffortunus i gael ŵyr ac wyresau yng nghyfraith annwyl

I GOFIO ELEN ROGER

Aeth yr haf o'n ffurfafen – wanwynol
Pan aeth siriol seren,
Anwylaf dirion Elen,
At y llu tu hwnt y llen.

Machraeth

Cyhoeddwyd yn rhifyn Mai 1999 o'r *Glorian*.

103. Porth eglwys Llaneugrad a'i bedd hithau gerllaw – yr hysbysebion ar y drws yn uniaith
Saesneg! 'Sobrwydd mawr!'

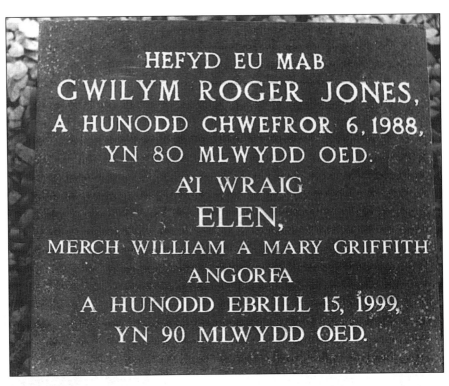

HEFYD EU MAB
GWILYM ROGER JONES,
A HUNODD CHWEFROR 6, 1988,
YN 80 MLWYDD OED.
A'I WRAIG
ELEN,
MERCH WILLIAM A MARY GRIFFITH
ANGORFA
A HUNODD EBRILL 15, 1999,
YN 90 MLWYDD OED.

104. '. . . Ac yn angau ni wahanwyd hwy'. Y garreg fedd ym mynwent eglwys Llaneugrad.

iawn, sef Gwenan, Meryl, Siân ac Adrian. Erbyn hyn, dyma dri gor-ŵyr, Gruffydd, Dafydd ac Owain, ac un orwyres, Mari, wedi dod â hapusrwydd mawr i mi wrth eu gweld yn prifio.'

Roedd hi'n bnawn Sadwrn barugog ym mis Chwefror pan euthum i gerdded mynwent eglwys plwy Llaneugrad am y waith gyntaf, i chwilio am fedd Elen Roger Jones a'i phriod – a methu â chael hyd iddo am ychydig. Mae llwch y ddau yn yr un bedd â'i thad a'i mam yng nghyfraith, a dwy lech seml ar wastad y bedd hwnnw'n nodi'u henwau, dyddiad eu marwolaeth a'u hoedran ar y pryd – llawer cynilach na'r hyn a nodwyd ar gerrig beddau y cenedlaethau blaenorol.

Mae mynwent Llaneugrad yn llecyn rhyfeddol o brydferth a thawel. Y mis Chwefror hwnnw roedd yno eirlysiau i'w gweld, oll yn eu gynau gwynion. Ro'n innau'n cofio'r stori a adroddodd Magdalen Jones – cyn-arweinydd Côr Bro Dyfnan – wrthyf, amdani'n ymweld ag Elen Roger wedi'i thrawiad, i geisio codi'i chalon, gan fynd â thusw o eirlysiau i'w chanlyn. Ychydig ynghynt, roedd y ddwy wedi bod mewn oedfa, lle cyfeiriai'r pregethwr at rym yr eirlys yn cracio'i ffordd drwy darmac a

choncrit er mwyn blodeuo. Ceisiodd Magdalen ei chalonogi drwy ddweud
fod penderfyniad tebyg yn ei gafael hithau. Fel y canodd Waldo:

> Pur, pur,
> Wynebau perl y cyntaf fflur.
> Er eu gwyleidd-dra fel y dur
> I odde' cur ar ruddiau cain,
> I arwain cyn y tywydd braf
> Ymdrech yr haf. Mae dewrach 'rhain?

Gwyleidd-dra fel y dur oedd un Elen Roger, ac anaml y gwelwyd ei
dewrach.

105. Ym Mwthyn Bodlondeb a'r 'wên na phyla amser'.

# HAWLFREINTIAU Y DARLUNIAU

O gasgliad Elen Roger Jones, trwy garedigrwydd y teulu: 1, 2 (tynnwyd gan Frank W. Medlar), 15, 68, 97 (tynnwyd gan R. Rees Lewis, Llanerchymedd), 32 (tynnwyd gan Massers Malton), 35 (ymddangosodd yn yr *Holyhead and Anglesey Mail*, 1 Gorffennaf 1965), 42 (tynnwyd gan E. Frischer, Rhuthun), 55 (tynnwyd gan David E. Sutcliffe, Porth Llechog), 69 (ymddangosodd ar glawr *Y Faner*, 13 Mawrth 1981), 105 (tynnwyd gan Edward Pari Jones, Llanfairpwll), 5, 7, 8, 9, 10, 11, 12, 18, 19, 22, 23, 25, 26, 28, 29, 31, 34, 36, 38, 39, 40, 41, 43, 44, 45, 47, 48, 49, 51, 53, 54, 58, 61, 62, 63, 64, 66, 70, 71, 72, 73, 80, 88, 89, 96, 97, 102.

Tynnwyd yn arbennig ar gyfer y gyfrol gan Robin Griffith, 26 Parc y Coed, Creigiau, Caerdydd: 3, 4, 6, 16, 37, 57, 65, 74, 92, 100, 101, 103, 104. O'i gasgliad: 50, 60.

Trwy garedigrwydd B.B.C.: 76 *(Ffenestri)*, 77 *(Byd a Betws)*, 78 *(Merch Gwern Hywel)*, 81 *(Wy Ceiliog)*, 90, 93, 99 *(Eistedd Dros Ddŵr)*, 95 *(Tra Bo Dau – Y Golled)*.

Trwy garedigrwydd S4C: 20 *(Portread – Elen Roger Jones*, Ffilmiau'r Bont), 24 *(Dechrau Canu Dechrau Canmol*, Ffilmiau Elidir), 56 *(Fel Lamp ar y Llwybr*, Uned Hel Straeon), 79 *(Owain Glyndŵr*, Opix), 82, 83, 91 *(Hufen a Moch Bach*, Teledu'r Tir Glas), 84 *(Gwely a Brecwast*, Ffilmiau Hiraethog), 85, 86, 98 *(Minafon*, Ffilmiau Eryri), 87 *(Tawel Fan*, Ffilmiau Eryri), 94 *(Tywyll Heno*, Ffilmiau Eryri).

Cyngor Gwlad Gwynedd, *Hen Luniau Dyffryn Nantlle*, 1985: 14.

Cymdeithas y Gronyn Gwenith: 67 (tynnwyd gan Ieuan Owen, Caernarfon).

Cwmni Theatr Cymru: 75.

Gwasg Tŷ ar y Graig, Caernarfon: 33.

Parch. W. J. Edwards, Plas Cefni, 42 Ael-y-bryn, Tanerdy, Caerfyrddin: 13.

Nansi Mathews, Noddfa, Porthmadog: 17, 27.

Wiliam Roger Jones, Llwyn Iâl, Llanbedrog, Pwllheli: 21.

Bethan Miles, Plas Hendre, Aberystwyth: 30.

Dr. J. Henry Jones, 77 Ffordd Cyncoed, Caerdydd: 46.

Nesta Williams, Y Winllan, Tremadog: 52.

Eira M. Jones, Bryn Kinallt, Moelfre: 59.